ETHEM EMİN NEMUTLU

YANLIŞ HAYAT DOĞRU YAŞANMAZ

Yaşanmış bir hayat hikâyesi...

OLİMPOS®

YANLIŞ HAYAT DOĞRU YAŞANMAZ
ETHEM EMİN NEMUTLU

© 2021, Olimpos Yayınları

Çizimler: Elif Yavuz Mutlu
Düzelti: Olimpos Yayınları
Kapak Tasarımı: Güçlü Öner, Betül Akyar
Sayfa Tasarımı: B&S Ajans

1. Baskı: Mayıs 2021
ISBN: 978-605-7906-46-5

Bu kitabın Türkçe yayın hakları Olimpos Yayıncılık San. ve Tic. Ltd. Şti'ye aittir. Yayınevinden izin alınmadan kısmen ya da tamamen alıntı yapılamaz, hiçbir şekilde kopya edilemez, çoğaltılamaz ve yayımlanamaz.

OLİMPOS YAYINLARI
Maltepe Mah. Davutpaşa Cad. Yılanlı Ayazma Yolu No:8 K:1 D:2
Davutpaşa / İstanbul
Tel: (0212) 544 32 02 (pbx) Sertifika No: 42056
www.olimposyayinlari.com - info@olimposyayinlari.com

Genel Dağıtım: YELPAZE DAĞITIM YAYIN SANAT PAZARLAMA
Maltepe Mah. Davutpaşa Cad. Yılanlı Ayazma Yolu No:8 K:1 D:2
Davutpaşa / İstanbul
Tel: (0212) 544 46 46 Fax: (0212) 544 87 86
info@yelpaze.com.tr

Baskı: Ezgi Matbaacılık San. Tic. Ltd. Şti.
Sanayi Cd. Altay Sk No:10 No:15 Kat:4 Çobançeşme / Yenibosna / İstanbul
Tel: 0212 452 23 02 Sertifika No: 45029

ETHEM EMİN NEMUTLU

YANLIŞ HAYAT DOĞRU YAŞANMAZ

Yaşanmış bir hayat hikâyesi...

Hazırsanız başlayalım

İnsanın kendi kendini teselli etmeye çalışması ne kadar zor, ne kadar acı...

Berbat hissettiğim bir gündü, berbat. Kendimi durmadan sorguladığım fakat sorularıma hiçbir cevap bulamadığım bir gün daha!

Tabii ki! Her zamanki gibi…

Güneş beynimi eriten bir sıcaklıkla başıma vuruyordu. Kumral saçlarımda elimi gezdirdiğimde anladım ki gölge bir yer bulup gölgeye sığınmalıydım. Beynim bir çay kazanı gibi su kaynatıyordu!

Karşımda duran büyük duvarların altına doğru adım attım. Gölgeye kendimi atmış olsam da içimdeki huzursuzluk beni rahat bırakmıyordu. Kaç gündür böyle değil miydim zaten!

Hep böyle değil miydim zaten!

Nasıl hissediyordum dostum, tarif edeyim. Kocaman bir duvar, yok yok, kocaman bir apartman üstüme yıkılmış gibiydim. Zaten bu duvar, pardon apartman, çocukluğumdan beri üstüme yıkık! Bu sıkıntının tarifi yok fakat ağır geliyor ruhuma, bedenime, omuzlarıma ve hiç de alışamıyor insan bu tarifsiz sıkıntıya...

Atamıyorum bu sıkıntıyı içimden, atamıyorum. Bitmek bilmeyen, huzursuz, iğneleyici ve terbiyesiz bir sıkıntı bu. Gitmek bilmiyor!

Derin derin nefes aldım. İçime soluduğum havayı, sıkıntıma karşı bir savaş verdirip "of" diyerek attım içimden. Sağlıklı düşünemediğimden midir gitmek istemediğimden midir bilmiyorum ama arabayı da çok uzağa park ettim, neden bu kadar uzağa park ettim?

Güneş de rahat bırakmıyor, terden sırtıma yapıştı gömleğim. Ceket de giymek zorunda olduğum için bu havalarda bu resmiyet öldürüyor insanı!

Saatimin kadranına baktığımda anladım ki yirmi dakikam vardı. Beklerken stresten de ayrı bir terleme geliyordu. Gözlerim hemen kenarda duran kırma bir köpeğe takıldı. Sıcaktan nasıl da bunalmış. Göz göze geldim, bana bir şey anlatıyor gibi bakıyordu resmen, iyice göz gezdirdim. Bu güzel birkaç cinsin kırması köpeğe dikkatli bakınca sırtındaki ilaç sürülmüş bölgeyi gördüm.

Belediyelerin cilt hasarı olan köpeklere sürdüğü yeşil antiseptik sıvının altında kalan açılmış derisi; tüm dikkatimi bir anda o deriye, güzel köpeğin acısına, huzursuzluğuna verdim ve içimdeki sıkıntı daha da arttı!

Gördüğüm herhangi bir görüntü, duyduğum herhangi bir ses, olumsuz ne varsa hemen sahiplenip kendi acımmış gibi, kendi sıkıntımmış gibi acı çekmeye müsait, hassas, narin bir bünyeye sahiptim! İnsan olmak bunu gerektirir, evet, ama bende fazla!

Etrafımda kimse yoktu, o güzel köpekçikten başka kimse yoktu ama biri duyacak korkusuyla kendimle bile yüksek sesle konuşamıyordum. Kendi kendime, sessiz bir şekilde dedim ki:

"Kendine gel Efe, kendine! Eğer sen kendini kontrol edemezsen içindeki canavar seni kontrol edecek! Geçmişi hatırla! Nasıl seni ele geçirip kontrol ediyor, buna bir daha izin vermeyeceğine söz vermiştin, hatırla!"

İçimdeki canavarla dost değildik hatta kanlı bıçaklıydık ve asla iyiliğimi istemeyen, kötü bir canavar o! Biraz kendimi sakinleştirmeliydim. Saate baktım tekrar. Az kalmıştı, az. Geçecek dedim kendi kendime, geçecek. Gözlerimi kapattım. Huzursuzluğumu bozan her şeyden bir an uzaklaşmaya çalıştım. Güneşten, taş duvarlardan, büyük büyük duvarlardan, asimetrik inşa edildiğinden dolayı biçimsiz görünen evlerden hatta o güzel köpekçikten!

Başımı yere doğru eğdim ve ter kokusu yerine güzel parfümümün kokusunu bir anda içime çektim. Oh dedim, iyi geldi, iyi geldi.

Sonuçta her şey algı meselesi dostum. Sen neyi nasıl görmek istiyorsan öyle görürsün, beynin filtre eder ve önüne sunar. Sen de kabullenirsin. Her şey düşünceden ibaret.

"Gül düşün ki gülistan ol." dedim. İyi şeyler var, yeni ve güzel şeyler...

Belimi yasladığım duvardan kendimi öne doğru iterek kurtuldum. Elimdeki şık, deri çantayı yere bıraktım. Ceketimin kollarını düzelttim. Karşımda sanki bir ayna varmış gibi gözlerimi açtım. Karşıya bakarak gömleğimin yakasını, kravatı özenle düzelttim. Dalgalı saçlarımı düzeltmek için elimi sürdüğümde, terlediğimi fark edip mendilimi çıkarttım. Saçlarımı kurular gibi düzelttim.

Hazırsın dedim, hazır. Hadi Efe, hadi!

Dediğim an, tekrar beynimdeki ses başladı konuşmaya.

"Ne işin var burada?"

Âdeta bağırarak sesleniyordu beynim bana!

Gerçekten; ne işim vardı burada!

Ben niye buradayım ki!

Neden geldim, yani neden!

32 yaşına kadar sürekli dağıtıp dağıtıp toparladığım hayatla başa çıkmaya çalışıyorken, birazdan yaşayacağım, göreceğim ya da hissedeceğim şeylere hazır mıydım?

Ben ki kendime acımayı bile yeni bırakmadım mı?

İçimdeki yaralı çocuğun büyümeyen ruh hâlleriyle savaşırken, ona olgun nasihatler vermeye çalışmaktan bıkmışken gerçekten hazır mıydım! Pes edemezdim. Pes edersem yenilirdim, öyle değil mi? Pes etmeyeceğim. İnsanlar ve içimdeki çocuk ne kadar uğraşırsa uğraşsın pes etmeyeceğim!

İnsanlar mı? İnsanlar zaten acınacak hâle gelmediler mi? Akrabası, arkadaşı, dostu "Aman yanlış yapsın", "Aman başaramasın" diye çomak sokmuyorlar mı her işe? Sonra da başaramadığını görüp, "Amaaaan, hâlimize çok şükür, bak gördün mü?" diye kendi kendilerine şükür etmiyorlar mı! Yazık derler ama kendilerine yazık ettiklerini bilmezler! Böyle düşünenler acizler!

Başaramamak yok! Pes etmek yok!

İçimdeki huzursuzluğun verdiği surat asıklığını yok etmek için gülümsedim kendi kendime. Gülümsemek gibisi var mı! Ve adım attım, girişte beni bekleyen görevlilere doğru ilerledim. Çantamı yere bıraktım ve kimliğimi gülümseyerek uzattım.

Başarmıştım adım atmayı, başkasına gülümsemeyi. Görevli kimliğime baktı ve "Psikolog Efe T.?"

"Evet."

Evrakı elinde tutan adam, yüksek güvenlikli kulübesinin içine girerek masada bekleyen telefonunu eline aldı ve duyamadığım bir sesle konuşmaya başladı. O arada diğer güvenlik yanıma doğru geldi. Galiba izin çıktıktan sonra üstümü arayacaklar diye düşündüm. Huzursuz oluşumu belli etmemek için gülümsemeye çalışıyordum ama şakaklarımdan aşağı doğru süzülen damlalar tedirginliğimi belli ediyordu. Elimi yüzüme götürüp sileyim diye düşündüm fakat ellerim titriyordu. Bileklerimi sıvazladım ve kendimi rahatlatmaya çalıştım. O arada kulübeden güvenlik çıktı.

"Buyurun, sizi bekliyorlar."

Üstümü aradılar ve iki üç adım attıktan sonra duraksadım. Beni bekliyorlardı ne demekti? Orada telefonla ne konuşmuştu? Olumsuz bir şey mi vardı? Benim hakkında bir şey mi dedi? Düşünceler beynimde fırtına koparıyordu resmen, huzursuzluğum artık kontrol edemeyeceğim bir boyuta gelmişti ve tekrar tekrar sordum o soruyu kendime.

"Benim burada ne işim var!!!!!"

Benim burada ne işim var hissi
nereye gidersen git
yakanı bırakmayan bir histir ve bu,
öyle bir histir ki dostum,
nerede ne işin olduğunu asla
bilemeyeceğin, hiçbir yerde
huzurlu hissedemeyeceğin bir
duygudur!

Sonunda içeri girdim. Yüksek tavanlı binanın uzun koridorundan yanımdaki güvenlikle ilerlerken başka bir kilitli kapının önünde durduk. Adamın elinde sürekli hazır olan o kimliği duvarda asılı olan hazneye yerleştirdi ve klik sesi duyuldu. Kapı açıldı. Bu, saydığım beşinci kapıydı. O an şöyle düşündüm; keşke zihnimin kuytu köşelerine inebilmek ve travmalarımla kitlenmiş kapıları açabilmek böyle kolay olsaydı!

Neyse, önümden yürüyen görevlinin attığı her adımda kalçasına doğru sarkan zincirin çıkardığı ses konsantrasyonumu bozsa da adamın adımlarını izlemeye, onu takip etmeye devam ettim.

Başka bir kapıdan daha geçtik ve telefon sırasına giren mahkûmları gördüm. Dar koridordan görevli adamı takip ederken beni seyreden kadınlara bakmamaya çalıştım. Başımı öne eğer gibi yaptığım anda bir ses duydum.

"Ay utandı! Hahhahaha!" Kahkahalar! Beynimde yine yankı.

Benden bahsettiklerinden emindim. Görevli dönüp baktığında yüzümde gerçekten utanma ifadesi görecek ki bana, "Korkma, burası böyledir. Herkese yaparlar, sana özel değil."

Bir rahatladım o an. Aslında her yere bakıp gözlem yapmak istiyordum ama başımı yerden kaldırmadan devam etmek daha iyi bir seçenek gibi geldiği için koridorun yerine çizilmiş düz çizgiden gözümü kaldırmadım.

Takıntılı hâlim yok mu benim, her yerde kendini belli ediyor. Kimse bu durumu anlamasın diye yerde çizili olan çizgilerin dışına adımlar atarak etraftaki kimsenin bunu anlamamasına gayret gösteriyordum.

Hiç bitmeyecek galiba bu koridor, bu çizgiler derken, "Geldik." dedi görevli.

Başımı kaldırdığımda üniformalı bir kadın gördüm.

Yanına doğru bir adım attım. Sert ifadeli kadın da bize doğru bir adım attı. Nihayet ortada buluştuk ve elini uzatarak, "Ben Nurgül Y., hapishanenin müdür yardımcısı."

Sanki kadının verdiği bilgiyi doğrulatmak istercesine yaka kartına baktım. Doğruydu ismi, soy ismi, görevi.

"Ben de Psikolog Efe T."

Kadının yönlendirmesiyle tavanda gömülü lambaların aydınlattığı ama aydınlatamadığı, boğucu ve daraltıcı bir kasvete sahip bir odaya geçtik.

Dikdörtgen şeklindeki odanın ortasında duran metal masanın dağınık görüntüsü huzursuzluğumu artırsa da belli etmemeye çalıştım ve bana gösterdiği sandalyeye oturdum.

"Psikoloğumuz Fatma B. izinde olduğu ve madde bağımlığı konusunda uzman bir psikolog olduğunuz için birkaç gün bizimle çalışacaksınız."

"Bilgim var, evet."

Sert ifadeli kadının iki kaşının ortasında kalan derin çizgiye bakakaldım ve kadın devam etti.

"Daha önce hapishane ortamında bulundunuz mu?"

"Yüksek lisans tezim için bulunmuştum."

"Ama yine de siz bilmezsiniz burayı. Dikkatli olmanızı şiddetle tavsiye ederim."

Kadının dikkatli olun derken şiddetle demesini garipseyerek, ikazını duymazlıktan gelerek konuyu değiştirmek istedim.

"İlk hastamın adını öğrenebilir miyim?"

"Zaten tek hastayla ilgileneceksiniz, yani herhangi bir acil durum daha çıkmazsa!"

Ben cevap vermeyince kadın devam etti. Gözlerim masada duran ve kirli, pas tutmuş gibi olan eski sigaralığa gitti. Kadın sert bir ton devam etti.

"Hasret KURTULUŞ. Ne soyadı amaaaa!"

Gözlerimi kaldırdım, baktım ve "Neden öyle dediniz?" sorusunu ağzımdan çıkmadan beynimde en az üç kere geçirmişimdir.

Neden öyle dedi?

Neden öyle dedi?

Neden öyle dedi?

"Neden öyle dediniz?"

"Gördüğünde anlarsın psikolog. Yaşamaktan vazgeçtiği o kadar belli ki gözlerinde, yüzündeki çizgilerde. Ve o yüzden, sırf o yüzden hiçbir kurala, hiçbir düzene, hiçbir ortama, işleyen düzene uymaz ve saygı göstermez."

Geniş ağzına doğru götürdüğü parmağını ıslatarak masada yamuk duran dosyayı düzeltti. Bir sayfa çevirdi.

"Toplumsal düzende mevcut olan kurallar burada da geçerli. İş bölümü yapmak, saatlere uymak ve iyi geçinmeseler bile uyumlu olmak. Zorundalar bu kurallara…"

"Sizin belirlediğiniz kurallardan mı bahsediyorsunuz?"

"Bizim belirlediğimiz kuralların dışında bambaşka bir sistemleri var psikolog buradakilerin. Kendi içlerinde gruplara ayrılmış durumdalar. Zayıf olanların sığındığı güçlü tipler, güçlü olanların ihtiyaçlarını karşılayan zayıf tipler mevcut. Grupların kendi içinde kuralları ve birbirlerine karşı geliştirdikleri değişik tutumları var. Uyumsuz tipler ne yazık ki sevilmez ve sevilmediklerinde o insanları dışlarlar."

"Peki, dışlanana ne olur?"

"Kolay av olur psikolog, kolay. Dışlanan, artık herkes için hedef olur. İnsanın kendini kabul ettirme çabası da mevcut burada ve hayati önemi var!"

Cümlesini bitiren kadın ayağa kalkınca ben de oturduğum yerden kalktım.

Kadın devam etti, "Hasret'i kötü hırpalamışlar psikolog. Kaburga ve üst bacak bölgesinde kırıklar olduğu için geçen ay sevkle hastaneye gönderdik. Dört gün önce de revire kabul edildi. Yani kısacası, ölümden döndü desek yeridir. Ama Kurtuluş ya, hani ölümden ilk dönüşü veya kurtuluşu da bu değil!"

"Şimdi nasıl?" diye sordum, buruk bir tonla.

Sorduğum soruya cevap dahi almamıştım, kadın yüzüme bakarak, kısa ökçeli ayakkabılarıyla sanki benim üzerimde bile otorite kurmak istercesine sertçe yere vurarak, odanın kapısını açıp koridora çıktı. Elime aldığım deri çantamla ben de peşinden çıktım.

Devam etti yürümeye. Peşinden giderken aklımdaki sorulardan ziyade rutubet kokusu teslim almıştı beni.

Uzun koridorun sonunda beyaz önlüğü ile bizi bekleyen doktor hanımı görünce revire geldiğimizi anladım. Kadınla tokalaştım ve hafifçe gülümsedim ama bu gülümseme benim için çok zordu.

Yalandan, sahteden... Beceremiyordum maske takmayı.

Tüm hayatım, o lüks yaşantım, evim, havuzum, hepsi hapishane dışarısında kalmıştı. Hatta az önce ciğerlerimin tüm odalarına dolan o rutubet kokusuna çoktan alışmıştım. Ortama adapte olmaya başlamıştım fakat ruhen geçirdiğim bu dönüşüme bir türlü adapte olamıyordum.

Doktorun gözünde öyle bir bakış vardı ki. Mutsuz, isteksiz... Zaten hareketleri de bitse de gitsek der gibiydi. Ben ise meraklı gözlerle ve beynimde dolaşan fil kadar büyük sorularla kadının peşinden yürüdüm.

Revirin kapısından girdiğimizde, müdür yardımcısı sert ses tonunu yine zırh gibi kuşanıp bana seslendi.

"Size kolay gelsin, psikolog bey!"

Benden alacağı cevabı bile beklemeden arkasını döndü. Ensesinde sımsıkı topuz yaptığı kırlaşmış saçlarına dokunarak az önce geldiğimiz uzun koridora doğru sert adımlarla yürümeye başladı.

Perdelerle bölünmüş, üç farklı yatağın bulunduğu revirde rutubet kokusu yerini keskin bir ilaç kokusu almıştı. Kolay gelsin demişti ya, çok mu zordu acaba! Beynim, ah beynim.

Yanıma doğru yaklaşan kadın doktor sesini alçak tutmaya çalışarak, "Hastayı az önce taburcu ettim. Görüşme odasında sizi bekliyor." dedi. İlaç dolabının yanında kalan masanın üzerindeki kâğıda imza attı ve bana uzattı.

Kadının yaptığı her hareket gözüme batıyordu resmen. Demiştim ya isteksiz diye, çok aşırı belli ediyordu bitse de gitsek tarzını. Bu, sinir bozucuydu çünkü içerideki hükümlü de olsa bir insandı!

Kâğıdı elime aldım. Prosedürü bilmediğim için şaşkın gözlerle, ne yapacağım bu kâğıdı sorusunu aklımdan geçirirken kadın anlar gibi, "Görüşme bittikten sonra sizin de imzanız gerekecek. Şimdilik sizde kalsın," dedi ve ekledi, "Hasret aslında iyi bir kadın. Sadece çok üstüne gidiyorlar ama burada herkesin her zaman üstüne giderler!"

Pür dikkat kesildim o an, hastamla ilgili konuştuğunu anladım ve dinlemeye devam ettim. Gülümseyerek devam etti.

"Tıpkı hayat gibi doktor ama burada mesafeler sınırlı.

Mahkûmların buraya cezalarını çekmeleri için gönderildiğini düşünürler hep, oysa burada yeni bir hayat başlar onlar adına. Kimse kırk sopayla tek günde terbiye edilemez, değil mi? Bu düzen her gün biraz daha umudunu çalar mahkûmun. Sistem bu ya, umut çalma adına kuruludur!"

Ne diyeceğimi bilemedim, tecrübesizliğim rehin almıştı beni, bakakaldım.

"Çalışanlara bile bulaşır bu umutsuzluk psikolog. İnsan, gördüklerine insanca tepkiler verip üzülmezse insanlığı kalır mı? Geçen hafta 17. yılımı tamamladım burada. Sayısız mahkûm, sayısız hikâye, sayısız acı gördüm, tanıdım ancak gerçekten hasta olup revire gelenlerin sayısı, inan bana, bir elin parmaklarını geçmez!"

Öyle kaldım karşısında boş bakışlarla. Aklımdaki sorular da sanki gitmişlerdi. Yerini merhamet duygusuna bırakmışlardı. Bana baktı doktor. Boş duran yatağın başındaki sandalyeye oturdu ve devam etti.

"Buraya gelme sebepleri hep aynıdır psikolog. Ya uyumsuz olduğu için dayak yemiştir ya gücünü ispatlamak için gözdağı vermek isterken başka güç gösterisi yapan mahkûmdan veya mahkûmlardan dayak yemiştir ya gerçekten ölmek istediği için bulduğu herhangi bir yöntemle intihar etmeye çalışmıştır ya da içerideki bir tehlikeden uzaklaşmak adına kendine zarar vererek buraya yatırılmıştır. Psikolog, inanır mısın? Buraya, bu odaya tatil diyorlar! Dışarıdaki insanların görmek istemeyeceği, hatta duymak bile istemeyecekleri hapishanenin reviri. Ne ağır bir cümledir, hapishanenin reviri! Ben bazen çalıştığım yeri söylediğimde, hapishane reviri dediğimde bile bakışlardan anlıyorum. Nasıl bir yerde çalışıyor diye acıma duygusuyla bakıyorlar fakat içeridekilere burası kurtuluş çoğu zaman!"

Ara vermeden devam etti. Ben de hiç bölmek istemedim. Bilmek istiyordum, duymak, öğrenmek.

"Bu duvarlardan içeriye girdiğin anda herhangi bir grubun parçası olursun psikolog. Bu, ben ya da sen olsan da fark etmez. Masumiyetine inandığın bir mahkûmu korumak adına onun tarafına geçer ve aldığın bilgileri dostunun sırrı gibi saklarsın. Oysa doğru tektir, değil mi? İyi bir doktor darp edeni öğrendiğinde bunu yönetime bildirmelidir. Kurallar bu yönde olsa da diyemezsin işte psikolog. Allah affetsin, saklarsın. Neden diye sormadan sana söyleyeyim, darp edilen daha fazla zarar görmesin diye."

Elini sandalyenin metal çıkıntısına koyarak bir derin iç çekti.

"Psikolog olan sensin, bilirsin. İnsanın duygularına, davranışlarına ve aslında görünenin göründüğü gibi olmadığına benden çok daha hâkimsin ama yapacak bir şey yok işte, yok."

Duvarda asılı olan eski ahşap saate baktı ve ayağa kalktı.

"Görüşme odası koridorun sonunda, sağda."

İçimdeki huzursuzluk beni terk etmiş gibiydi. Sanki gittiğin odada daha huzursuz bir ortam seni bekliyor der gibi çekip gitmişti. Yürürken kollarımın hareketiyle boğazıma doğru yükselen kravatım bile sıkmıyordu artık. Rahatlamak için derin nefes alma ihtiyacı da duymuyordum. Hapishanenin reviri ne ağır cümleydi!

Heyecandan eser dahi kalmamıştı, hissiz bir ruha bürünmüş gibiydim. Elimdeki dosyaya göz gezdirmeye devam ediyordum.

Hasret Kurtuluş. Elli yaşında, bekâr, madde bağımlısı, cinayet suçundan mahkûm edilmiş. Hapishanede işlediği suçlar da eklenince otuz üç yıldır hiç dışarı çıkamamış.

Otuz üç yıl dostum, otuz üç yıl dile kolay! Dışarıda kolay da, içeride? Empati yapar mısın, otuz üç yıl...

Daha önce dört kez madde bağımlılığı tedavisi görmüş. Kâğıttaki tarihleri kontrol edince tedavilerinin hepsini içeride gördüğünü anladım. Aklımdan dosyadaki bilgileri geçirirken görüşme odasının kapısını yavaşça aralayarak açtım.

Tavan lambasının aydınlatmaya çalıştığı ama aydınlatamadığı bir oda daha. Ruhlar âlemine giriş yapar gibi ruhumu kapıda bıraktım ve içeri girdim.

Arkası kapıya dönük masada oturmuş, kafası yukarı doğru bakan bir kadın. Bir insan, bir hayat!

Hasret Kurtuluş.

"Merhaba," dedim girer girmez ama hiçbir tepki alamadım. Kapıyı kapattım ve bana ayrılmış sandalyeye oturdum. O arada fark ettim ki gözleri kapalı, tavana doğru başını kaldırmış ama sanki dua ediyor gibi bir hâli vardı, anlamamıştım, uyuyor gibiydi de. Çantamı yavaşça yere bırakırken dosyayı ve not defterimi sakince masanın üzerine koydum. Bölmek istemiyordum. Yoga yapan bir bilgenin huzuruyla duruyordu karşımda. Hemen onu incelemeye başladım. Gözlerinin altındaki morluklar o kadar belliydi ki. Mor değildi, resmen kapkara! Cildindeki erken yaşlanma belirtileri sanki yüz ifadesine yirmi sene önce yerleşmiş gibiydi. Kullandığı maddelerden dolayı da cildindeki sararma ve sorunlu deri belli ediyordu kendini. Yarım kollu penyesinin açık bıraktığı kollarında iğne ya da madde kullanımı gösterecek herhangi bir iz ararken incelmiş derisindeki morlukları hemen fark ettim.

Geçen ay darp edildiğini bildiğimden, yüzünde ya da boynunda, benim görebileceğim herhangi bir yerinde şiddete bağlı oluşmuş bir yara aradım ama yoktu.

Müdür yardımcısının sözleri aklıma geldi, "Kaburga ve üst bacak bölgesindeki kırıklar". İşitme problemi yoktu dosyasında, demek ki beni duyması gerekiyordu ki içeriye girdiğimi hissetmiş olmalı fakat hiçbir tepki yoktu. Gözleri kapalı şekilde bekliyordu.

Not defterime ilk cümlemi yazdım:

Savunma geliştiriyor...

Unutulmak insanı öldürür cümlesini
öyle yakıştırmış ki kendine,
baktığında diyorsun ki
ölümü yaşıyor.

Vücudunun duruş şekli savunmaya geçmiş gibi de değildi. Kolları gövdesinin iki yanından sallanırken gözleri kapalı, arkaya eğdiği kafasıyla tavana doğru duruyordu sadece. Sesime kibarlık katmaya özen göstererek seslendim.

"Hasret Hanım, merhabalar."

Tavandan düşen ışığın hemen altında öyle uyurca bekler gibi duran Hasret Hanım tepkisizdi ama bir anda gözlerini açtı. Tüyler ürpertici ama masum bir bakışı vardı. Biraz önce içimden attığım o huzursuzluk, Hasret Hanım'la göz geze geldiğim an tekrar bir sel gibi içime nüfuz etti. Ürpermiş olsam da heyecan durumumu anladı ki kafasını yana doğru düşürdü. Hafif alaycı bir gülümseme ile sordu: "Psikolog sen misin?"

İçeriye girdiğim andan beri kimse bana ismimle hitap etmemişti. Herkes mesleğimle bana hitap ediyordu. Çok garipsemiştim artık fakat bana öyle bir bakışı vardı ki iç delici ve rahatsız edici. Kurtulmak ister gibi cevapladım hemen.

"Evet, benim."

"Hadi beni tedavi et bakalım."

"Önce biraz konuşalım isterseniz Hasret Hanım, birbirimizi tanıyalım."

"Yalanlar dinlemek istiyorsan anlatırım psikolog, sorun değil. Yalan buradaki herkesin ana iş dalıdır."

"Hayır, Hasret Hanım. Ben böyle yerleri bilirim, merak etmeyin. Sizin ağzınızdan laf almaya çalışmıyorum. Sadece sizi tanımak istiyorum. Böylelikle sizle daha iyi iletişim sağlayabiliriz."

"Yani sen şimdi benim hastaneden geldiğimi biliyorsun ve uğradığım şiddetle ilgili hiçbir şey öğrenmek istemiyorsun, öyle mi?"

"Evet, aynen öyle."

"Suçluyu gammazlamak, akşam da rahatça evine gidip huzurla uyumak istemiyorsun, öyle mi?"

"Hayır, tabii ki. Ben sadece sizi merak ediyorum."

Revirdeki doktorun bana attıkları kafamda net bir yere oturmuştu. Karşımdaki Hasret Hanım bana karşı geliştirdiği savunma şeklini aslında bana değil, benim ondan almak istediğim bilgilere geliştirmişti.

İlk defa, gerçek görünen bir tepki verdi. Kocaman bir kahkaha attı.

"Beni en son ilkokuldayken birileri merak etmişti be psikolog. Birbirimizi kandırmayalım. Ben kimim de beni merak edeceksin!"

"İnsansınız Hasret Hanım. Bu, benim için yeterli. İster inanın ister inanmayın ama neyden mahkûm edildiğiniz ya da diğer mahkûmları bana söylemeniz, benim onları gammazlamam ya da başka bir şey, hiçbiri umurumda değil. Tek umurumda olan sizin daha iyi hissetmeniz, huzurlu hissetmeniz. Bana ilkokulunuzu anlatın, merak edildiğiniz zamandan bahsedin, ailenizden bahsedin. Bakın, not defterini de kapatıyorum." dedim ve kapattım.

Karşımda şoka uğramış gözlerle baktı ve bana inanmıştı gözleri.

"Teşekkür ederim fakat benden fil hafızası bekleme. Hayatı boyunca madde bağımlısı olan birinden hatırlamasını istediğin o günler… İmkânsız be psikolog."

"Ne anlatırsan onu dinlerim.""

"Gerçekten dinler misin?"

"Kesinlikle dinlerim."

"Konuyu hapishaneye getirip ağzımdan laf almayacaksın ama."

"Söz veriyorum, almayacağım."

Kısa bir süre düşündü, sonra havaya kalkmış dağınık saçlarından bir tutam eline alıp oynayarak konuştu. Elli yaşındaki o Hasret Kurtuluş gitmiş, küçük bir çocuk gelmişti sanki o hareketiyle.

"Aslında annem fena biri değildi be psikolog. Bence beni severdi, döverdi ama severdi bence. Hani böyle tokat atarken diğer elini de koyarsın ya, kendi eline tokat atarsın canı acımasın diye. Göz geze gelirdik o anlarda, anlardım beni sevdiğini. Döverken şefkat beslerdi ama ben dilenciliğe o yıllarda başladım psikolog. Herkesin gözünden sevgi dilenirdim ve alamazdım o sevgiyi psikolog. Babam, ah babam! O öyle değildi. Bence insan değildi be psikolog. Hayatı boyunca hiçbir işte çalışmamış vasıfsız bir insan! Sürekli küfür eder, sayar söver ama bizden de sonsuz saygı beklerdi. Öyle babaya saygı olur mu be psikolog?"

Birkaç kez üst üste burnunu çekip sol elinin başparmağını istemsizce üst dudağının, burnunun tam altında gezdirdi. Sonra başını üç beş kez sağa sola çevirdi. Etkilendiği durum içerisinde madde bağımlılığına bağlı tikleri meydana çıkmıştı. Hiç olumsuz bir tepki vermedim. Eğer olumsuz bir tepki versem huzuru kaçacak gibiydi.

"Devam et, durma. Kaç kardeşsin? Nasıl bir ailen vardı? Eviniz nasıldı? Ne anlatırsam dinlerim."

"Beş ama ikisi üveydi, yani diğer annedendi."

"Nasıl yani?"

"Babam anneme kuma getirmişti psikolog. Ne nasıl!"

"Yani evde iki kadın vardı, doğru mu?"

"Evet. İki kadın, beş kardeş, bir de baba denen insan. Yok yok, hayvan! Ama iki kadın var diye evde sorun çıkmazdı psikolog. Şöyle olmuştu; uzun süre aynı adamdan dayak yiyen iki kadın birbiriyle dost olmuştu. Garip bir dostluk! Neden dostluk dedim, onu da belirteyim. Kocanı kıskanmak yerine onunla daha az vakit geçirip ondan daha az dayak yediğin için diğer kadına minnet duyarsın. Böyle bir dostluk işte!"

"Bu, dostluk mu Hasret Hanım!" Ses tonum değişmişti.

"Garip bir dostluk dedim ya psikolog. Yaşamadan bilemezsin. Yargılamadan dinleyeceksen devam edeyim. O yaşananları okuyarak öğrenemezsin psikolog. Bazılarına bu durum abes geliyor, aykırı geliyor. İki kadın bir adamı nasıl kabul edebilir diyor. Sürekli dayak yiyen hem de diyor. Ama bu hayat içerisinde var işte, var! Dayaktan herkes eşit nasipleniyordu o evde. Tüp hortumuyla dayak yedin mi, ya da soba demiriyle? Allah ne verdiyse vururdu o hayvan!"

"Haklısın, dikkat edeceğim sorularıma. Annen ne yapardı?"

"İzlerdi garibim, ne yapsın ki? Müdahale ederse daha büyük dayak yiyeceğini bilirdi. Çoğu zaman zaten müdahale eder, benim ya da kardeşlerim yerine o yerdi dayağı."

Gerçekten gözümün arkasında hafif bir yanıklık hissettiğim bir andı bu cümleleri Hasret Hanım kurduğunda. Empati yap, empati.

"Babam hiç çalışmadı demiştin, değil mi? Evin geçimini kim sağlıyordu?"

"Ben kendimi bildim bileli annemin dikiş diktiğini hatırlıyorum. Konuya komşuya, kim ne sipariş verirse işte psikolog. Sonra bir gün, babam annemi döverken annemin sağ bileğinin yamulduğunu gördüm. Gece sabunla ovalamıştı ve bir tülbendi bileğine bağlamıştı. Babam o gece eve gelmemişti ama annem korkusundan hıçkırarak değil de sessiz sessiz ağlamıştı. Çocuğuz be psikolog, ne anlarız? Meğer bileği dönmüş kadının işte. Bir hafta sonrasında acı böğründen öyle bir çıktı ki sessiz ağlamak yerine haykırarak ağladı. Koşarak hastaneye götürdüler ama iş işten çoktan geçmişti. Bileği hep öyle kaldı güzel anacağımın. Canım annem, bir tek onu özlüyorum!"

Gözlerimin arkasındaki kızarıklık ön plana çıkmış olmalı ki, "Üzülme psikolog. Ben bunları yaşarken kimse üzülmedi. Sonrasında üzülmenin hiçbir faydası yok, inan bana. Bir masaldı, bir kâbustu, bir rüyaydı… Ne dersen de adına, geçti gitti!"

"Devam edeyim psikolog. Mahallede herkes anneme Çolak Hatice derdi. Kadınların demesine kızmadım da, o çocuklar kapının önünden geçerken ya da annemi yolda gördüklerinde dalga geçerek, bağırarak geçerlerdi, ona dayanamazdım. Öfkeye sarılırdım. Bir keresinde bir kızın oyuncak bebeğinin kollarını aynı anneminki gibi çolak yapmıştım. Çocuk aklıyla, aynısını yaşa der gibi. Fakat sonunda yine babamdan dayak yemiştim."

Derin bir nefes çekti, "Sigaran var mı psikolog?"

"Sigara kullanmıyorum."

"İyi halt ediyorsun." diyerek gülümsedi ve devam etti.

"Dayak yemeyi kabulleniyorsun psikolog. Bir süre sonra alışıyorsun yani. Hayatının bir parçası oluyor fakat nedenini sorgulamaktan da alamıyorsun kendini. Bir gece yine dayak yerken, ellerimi yüzüme kapatıp avazım çıktığı kadar bağırdım babama, 'Beni neden dövüyorsun? Neden sürekli dövüyorsun?'"

"Cevap ne verdi?"

"Ne verecek? Ben aslında sizi çok seviyorum dedi. Cevaba bak psikolog. O günden sonra ne oldu, biliyor musun? Belki de bana attığı dayaktan çok bu cümlesi zarar vermiştir! Beynim sevgiyi dövmek olarak benimsedi. Sevdiğim insanlara zarar verdiğimde onlara sevgimi gösterdiğimi zannettim ya da dayak atan bir erkeğin beni çok sevdiğini. İnsan dayak yedikçe aşka gelir mi be? Ben geldim!"

"Dinliyorum!" dedim sadece.

Baktı ve gülümsedi.

"Ben de olsam dinlerdim. Sevgi demişken, bizim zamanımızda evlenmeye de kendin karar veremiyordun aslında. Bizim zamanımızda demeyeyim de o hayvan babamın zamanında diyeyim. Evlilik şöyle oluyordu; babaya para lazım, kıza da koca lazım, yaşı geldi. E verelim, paramızı alalım. On sekiz yaşına bastığım ilk gün bu kararı aldılar. Benden on yaş büyük birini buldular, beni everdiler. Öyle gelinlik falan giydiğimi düşünme psikolog. Babam akıllı adamdır; minyon, küçük kızını o evden gelinlikle çıkarır mı hiç? On sekiz yaşına bastığım ilk günün akşamı geldiler. Aldılar beni ve gittiler."

"Sonrası?"

"Sonrası mı? Sonrası daha sevgi dolu oldu. Babamın dayağını özleyecek kadar çok dayak yedim ama beni daha çok seviyordu. Yani, ben öyle sanıyordum psikolog. Sonuçta dayak yemek sevilmek demekti. Her gün kıskançlık krizine giren bir adam, her gün o küçücük boyuyla dayak yiyen ben. Güneş perdesini açmak bile yasaktı. Hoş, açıyordum.

Dedim ya, alıştım ben dayak yemeye. Onu açmasam da dayak yiyecektim, açsam da. Fark etmiyordu yani."

"Bu, ne kadar böyle devam etti?"

"Bir yıl aralıksız dayak yedim. Bundan sonrasına hazır mısın psikolog? Ben hazır değildim, ben çok cahildim, ben çok küçüktüm, sahipsizdim psikolog. Bir Allah vardı, bir ben. Annemin bana öğrettiği en güzel şey, 'Ağladığında Allah'la konuş. O seni duyar, seni korur, sana yardım eder.' Her derdimi anlatırdım ALLAH'a. Her gece her ağlayışımı duyardı. Hep bekledim kurtulmayı ama olmadı. Sınav bu ya, sınandım her an her gün. Devam ediyorum psikolog. Sigaran var mı?"

"Yok, kullanmıyorum demiştim ya."

"Evet, özür, bir an aklım gitti. Nasıl anlatayım psikolog, boğazının tam ortasına bir şey sıkıştığında nefes alamaz, bayılacak gibi olur, nefessiz kalırsın ya, tam öyle oldu. Kocam beni döverken dişim kırıldı, boğazıma kaçtı ve nefessiz kalıp bayıldım. Ama bayılmam dert değil, salak adam beni öldürdüğünü sanmış. Ne yaptı, biliyor musun? Üstüme kocaman bir battaniye kapattı. Evin ortasına beni koydu ve evi yaktı! Bir uyandım, üstümde battaniye. Battaniyeyi fırlattığım gibi ateşi hissettim psikolog. Her yeri alev sarmıştı. Pencerenin kenarında küçük kalan bir kısım vardı. Oradan, açtığım gibi, dışarı açılan arka bahçeye koşarak babamın evine doğru kaçtım. Adama bakar mısın doktor? Öldür, yak! Bu nasıl bir dünyadır diye düşünemiyorsun o an. Polise neden gitmedin diyorsun. Ne polisi be psikolog? O zamanlar öyle bir şey yapacak ne kapasite var ne cesaret ki seviyordu beni dayak atan. Seviyor demekti, değil mi? Ama o an anladım ki bu adam beni sevmiyordu. O gün aklım başıma gelmişti sanki. Koşarak gittim baba evine. Bir senedir gidemediğim baba evi, annem, kardeşlerim. Bir senedir görmüyordum, seslerini dahi duymuyordum. Ama eve öylece gidemezdim. Babamın evden çıkışını beklemeliydim, döverdi yoksa. Bekledim, yarım saat kırk beş dakika kadar. Babam evden çıktı. İşsiz güçsüz adam sonuçta. Ne zaman çıkar, eder? Evde beni görse döver. Cahilim psikolog. O anki psikolojim, düşüncelerim de sağlıklı değil. Hoş, ne zaman sağlıklı oldu ki! Neyse, babam çıktı. Ben gittim eve, kapıyı çaldım. Kapıyı ikinci anne olan kadın açtı, 'Ne işin var burada, kocan nerede? Niye geldin?' Annemi çağır diyerek bağırmışım psikolog ama cevap vermek istemiyor gibiydi. 'Baban görecek, kötü olacak. Senin yüzünden ben de dayak yiyeceğim. Kocana dön, evine dön! Komşular görse ne der, evine dön! 'Komşular mı?' dedim, 'Ne komşuları, benim çocukluğum bitmiş. Bu evden her gün senin, benim, annemin bağırışları duyulmuş, bir kere komşu mu gelmiş! Annemi çağır, annemi.'

'Annen yok Hasret. Git buradan. Evine dön!'

'Dönemem, dönemem. Adam beni öldürecekti, kaçtım!'"

Dayanamadım, konuyu ortadan kestim ve sordum.

"Annen neredeymiş?"

"Annem mi, psikolog? Ölmüş. Bir kelime be psikolog, bir kelime: Ölmüş! Yaşamayan bu ağırlığı bilir mi? Benim o günden beri ciğerim de bir parça hep sızlar. Öyle ki hem de altı ay olmuş. Düşünsene, ben annemin mezarının yerini bilmiyorum, dua okumamışım. Defin etmişler, beni götürmemişler. Hatta babam biriyle daha evlenmiş psikolog! Bana bunları anlattıktan sonra, 'Karı koca arasında olur böyle şeyler. Dön evine.' dedi. Kocam beni mezara bile götürse olurdu. Onun gözünde -ne yapsın, öyle görmüş dedim ya psikolog- sevgi dayaktır. Hoş, o haberi aldığımda kocam beni mezara da götürse olurdu! Ama dönmeyeceğimi anladı, 'Bekle.' dedi. İçeri gitti. Beni on dakika bekletti. Annemin eski eşyalarını getirdi, verdi ve kapıyı kapattı!"

"Sen ne yaptın peki?"

"Mahallenin arkasına gittim psikolog. Elimde bir küçük sandık, bir poşet. Annemin eşyası topu topu küçük bir sandık, bir poşetti be psikolog. Sandığı açtım. İçinden fotoğraflarımız çıktı, tülbendi çıktı. Hani bak o çolaklığını anlamadığında sardığı tülbent vardı ya, o tülbent. Kardeşlerimin ve benim ilk kesildiği zaman ayırdığı küçük küçük poşetlenmiş poşetlerin üstüne isimler yazılmış saçlar, abimin kırılan oyuncağı vardı. Abim o oyuncak için çok ağlamıştı. O cehennem gibi evde ne anılar biriktirmiş psikolog. Bir süre sonra dayaktan beslendiğin için ağlamayı unutuyorsun. Ben annemin öldüğüne ağlayamadım psikolog! O sandığın içinde eziyet gören çocuklarının bir parçasını sığdırmış annem. İnsanoğlu çok garip. Her gün kan kussa da yaşama bağlanmak için bir şey buluyor. Annemin duasını hep hatırlarım. 'Allah'ım, intihar bizde haram. Sen benim canımı al!'"

Gözlerim dolu dolu olmuştu. Bölmek dahi istemiyordum. Başkası anlatsa belki yalan gelir ama öyle bir anlatıyordu ki, o anları öyle bir yaşamış ki gerçekliği benim kalbime bir hançer gibi saplanıyordu. Anlatmaya da devam etti.

"Tülbendi aldım. Kokladım, kokladım. Bir döktüm içimi psikolog. O yaşlar var ya, yağmur olsa sel olur, deniz olsa hortum olur. O mahalleyi, o adamı, o hayatları boğar, bırakır! Annemin ölmesine değil de o tülbendi kokladığımda aldığım o kokuya bıraktım kendimi, döktüm içimi. Bana kalsa üç gün aralıksız ağlardım ama kalkmam gerekiyordu. Ne yapacaktım, nereye gidecektim? İnsan sahipsiz olunca önüne her gelen onu öldürür psikolog. Eve dönsem kocam, babama dönsem babam öldürecek. Kendi kendime o an karar verdim. Bir daha koca evine, baba evine dönmek yok!"

"Kardeşlerin?"

"Abim mevsimlik işlere giderdi. Daha doğrusu, babam gönderirdi. Ablamı ise annem ölünce hemen evermişler. Babama para, ablama koca lazım olmuş. O parayla da yeni kadınla evlenmiştir işte!"

Heyecan, üzüntü birbirine girmişti. Duygularım beni esir almıştı. Merak etmeden duramıyordum.

"Sonra?"

"Merak ediyorsun psikolog. Ben olsam ben de ederdim, haklısın. Kaç tane insan böyle hayat yaşıyor ki? Çok insan, çok. Sadece siz görmüyorsunuz, duymuyorsunuz. Sen şimdi böyle yaşlı, çirkin gözüktüğüme bakma benim. Ben o yaşlarda çok güzel bir kızdım. Minyon, kaşı gözü güzel. Bir bakan bir daha bakardı."

Bir an durdum ve yüzüne bakarak gençliğini düşünmeye çalıştım dostum. Yüz hatları çok keskindi. Madde bağımlığı, yaşadıkları yüzünden en az altmış yaşında gibi gözükse de yuvarlak suratı, göz renginin güzelliği gençliğinde güzel biri olduğunun göstergesiydi.

"Bütün gün yürüdüm, yürüdüm, yürüdüm, yürüdüm, ağladım ama yürüdüm. Tülbendi kokladım ve yürüdüm. Akşam oldu yürüdüm. Gece oldu. Kalabalık yerlere, ışıltılı yerlere doğru yürüdüm. Elimde bir sandık, bir poşet yürüdüm. Kadınlar ve adamlar el ele dolaşıyordu. Her yerde ışıklar yanıyordu, müzik sesleri geliyordu etraftan. Kahkahalar bile atıyorlardı, inanır mısın? Ben ağlıyordum ve yürüyordum. Televizyon yoktu bizde. Ben böyle şeyleri ilk defa görüyordum. Güzel güzel giyinmiş, süslenmiş insanlar falan ilk defa görmüştüm. Bir köşe buldum. Açlıktan bayılmak üzereydim ve oturdum. Kapı gibi bir şey vardı yanında, köşede sandalye duruyordu. Oturdum işte. Sorgusuz sualsiz oturdum."

O arada tık tık diye kapı çaldı. Gir dememle birlikte içeriye giren görevli yemek vaktinin geldiğini söyledi. Saate baktım, gerçekten gelmişti. Bir buçuk saat nasıl da hızlı geçmişti ve not olarak tek aldığım şey savunma geliştiriyor cümlesiydi. Aslında hiç kalkmak istemedim oradan ama Hasret Hanım'ın yemek yemesi gerektiğini düşünerek, "Bir yemek molası verelim mi?" dedim.

Bana bakışlarını hiç unutmuyorum. Sanki "Tekrar gel, sakın gitme, beni dinle." der gibiydi. Sevgi dilenir gibiydi onun deyimiyle!

"Tamam psikolog," Bileklerini ovaladı ve ekledi, "Sigaran var mı?"

Gülümsedim, "Senin için bulacağım, söz!"

"Hadi bakalım, senden beklentim bu." dedi. Gözleri dolu. Yüzünde sahte bir tebessüm vardı ve ayrıldı odadan.

Güvenlik bana baktı. "Ben birazdan çıkacağım." dedim.

Oturdum, oturduğum yerde kaldım dostum! O not defterini açtım ve gözyaşlarımla savunma geliştiriyor cümlesini temizledim.

Bir ağladım bir ağladım, anlatamam, dolmuşum. Bendeki de dert miydi yani? Otuz iki yaşına kadar huzursuz hissettim. Evet, hep bir şeyler eksikti. Evet, hep bir şeyleri arıyordum fakat mükemmel bir hayatım varmış. İnsanlar neler yaşıyor!

On beş yirmi dakika kadar sonra odadan çıktım ve yemekhanenin yerini sordum güvenliğe. Önce elimi yüzümü bir yıkadım. Kendime geldim. Sonra yemekhanenin yolunu tuttum.

Derdini sana velinimet saydıracak
dertler var.
Yat kalk şükret.
Hayatın sonunda toprak var!

Personel yemekhanesinde köşede bir yer bulup oturdum. Herkes bana bakıyormuş gibi hissediyordum ve aklımın her zerresi Hasret Hanım'ın anlattıklarındaydı.

İleri tarafa doğru oturan müdür yardımcısının sesini ikinci kez işittiğimi fark ettim. Garip gözlerle bakıyordu bana fakat gülümsedim. Tabldot usulüyle masalara dağıtılan yemeğin görüntüsü, tadı ya da kokusu umurumda bile değildi. Dikkat çekmemek adına elime aldığım çatalla yoğurda bulanmış salatayı hafifçe eşeledim. Gözlerimin önünde mimiklerini kontrol etmeye çalışan bir kadın görüntüsü vardı. Aklımdan geçenler fil kadar büyük değildi artık. Binalar kadar, evren kadar büyüktü. Kimse böyle bir hayat yaşamayı hak etmiyor diyordum içimden. Çocuklukta yaşanan travmaların bir ömür boyu sürdüğünü bilecek ve bununla ilgili detaylı araştırmalar yazacak kadar eğitimliydim ama hiçbir not yoktu elimde. Savunmasızca dinlemiştim.

Düşünüyorum da dostum, herkes kendi çocukluğunu kendi çocuklarına yaşatıyordu sanki. Kırılması gereken şiddet yüklü bir zincir var hayatın içinde. Ebeveynlerimizin bize öğrettiği ne varsa onları doğru olarak kabul ediyor, yaşımız kaç olursa olsun, doğru olarak onu kabul etmeye devam ediyoruz. Şiddeti sevgiyle bağdaştıran kadın, ölümüne dayak yemekle güzel sevmek arasındaki kocaman uçurumu incecik bir çizgi gibi algılayan kadın. Savunmasız kalan taraflarından girmişti insanların fikirleri. Namus denen kavrama takılan el âlem, her hareketinde kusur bulsa da ne yaşamasıyla ilgilenmiş ne ölmesiyle! Diğer insanların tek ilgilendiği, eziyeti kabul etmesi gerektiğiymiş. Oysa tüm insanlık tek bir mahallede yaşayan komşular kadar yakın temasta birbiriyle. Bana ne dediğimiz her ne varsa günün birinde bizi ilgilendirecek kadar kötü bir durumla yüz yüze gelmemize sebep oluyordu. Sokak çocuğunun üşüyen ayaklarıyla ilgilenmeyen ve sadece acımakla yetinip kendi hâline şükreden biri, yıllar sonra aynı çocuk tarafından gaspa uğrayabilir ama bir çocuğun okumasına, gelişmesine ve kendi hayatına kurmasına vesile olan biri, doktor olan çocuk tarafından da şifa bulabilirsin. Sahi, hayat ne garip!

Düşünceler beynimi kemiriyordu resmen. En ince detaya iniyordum o an ve dediğim gibi dostum, ayakkabısı olmayan birine acıyıp, kendi hâline şükredip geçip gitmek yerine ona yardım elini uzatmayı denemelisin. Yardım etmenin kuralları vardır. Mahcup etmemek gerekir, ihtiyacı karşılarken kibirli davranmamak gerekir. Veren el sen değilsin, sen aracısın. Allah senin elinle başkasına yardım ediyorsa sen buna sadece dua edebilirsin. Unutma ki dostum, veren de alan da Allah'tır.

Yardım etmek altına yatırım yapmak gibidir. Karşına tekrar çıktığında çok zaman geçmiş ve çok daha kıymet kazanmış olur.

Elimle tuttuğum çatalla yemekle oynamaya devam ediyordum. Seansın devamında Hasret Hanım'ın bana anlatmaya devam edeceği hayatını o kadar merak ediyordum ki. Fakat bir o kadar da karşısında çaresizdim. Tedavisiyle ilgili ne yapacağım konusunda hiçbir fikre sahip değildim. Sık sık depresyona giren, huzursuzluk sendromlarıyla mücadele eden ben!

Ne kadar şımarık bir insandım. Hayat bana hep güzel taraflarını göstermişti sanki. Annemin mis kokusunu, babamın şefkat dolu bakışlarını hatırladım. Ruh hâlimi, dalgalı hâlleri yüzünden sürekli kıyıya çırılçıplak vuruşlarımı hatırladım. Zorlu geçen bir ergenlik dönemini ve bu dönemle uğraşmak zorunda kalan ebeveynlerimi hatırladım. İçimdeki boşluğu doldurmak adına edindiğim o pahalı zevkler, pahalı oyuncaklar, pahalı yaşantımı hatırladım. Ah annem ve babam, maddi durumları çok iyi olsa da gönülleri her şeyden daha zengindi!

Aklım düşüncelere kelepçeli bir hâlde yaşamaya alıştım ben dostum. Yazarken de sana yansıttığımın farkındayım, oradan oraya atlıyor cümlelerim çünkü ben böyle biriyim. Karışık, oradan oraya atlayan! O yüzden tam ruh hâlimi yansıtıyorum, kızma.

Masaya bırakılan metal tabldotun sesiyle kendime geldim. Doktor Nezihe Hanım sanki ne düşündüğümü anlamış gibi tepeden bir bakış atarak sandalyeye oturdu.

"Nasıl geçti?"

"İlk görüşme için gerçekten başarılıydı."

"Yemeğine dokunmamışsın psikolog. Evet, gayet başarılı geçtiği çok belli."

"Yok yok, aç değilim. Görüşmeyle alakası yok."

Sesimi kısalttım ve gözlerine bakarak Nezihe Hanım'a sordum, "Sigara kullanıyor musun?"

"Revirdeki masamda olmalı."

"Bana bir adet verebilir misiniz rica etsem?"

"Tabii, ne demek psikolog. Masamda duruyor, oradan alabilirsin."

Hasret Hanım'a verdiğim sözü tutmak için heyecanlı olsam da daha önemlisi bana anlatacaklarıydı. Masanın üstünde duran paketi almak için yemeğimi bıraktım. Revire doğru hızlı adımlarla gidip sigara paketinden iki adet sigara ve kibriti alıp seansa girdim.

Sigara sağlığa zararlıdır!

"Vay, sözünün eri! Teşekkür ederim psikolog. Sigarayı getireceğini düşünmemiştim. Demek ki sana güvenebilirim."

"Rica ederim ama ellerimle sana zararlı bir şey getirdim."

"Psikolog, ben sigara içmiyorum zaten. Sözünü tutup tutmayacağına baktım sadece. Para mı var sigara içecek?"

Şoka girmiştim. Resmen beni denemişti! Gülümsedim ve "Pekâlâ, güveneceğini anlamış olmalısın o zaman." dedim.

"Sorun yok psikolog. Sınavı geçtin!"

"Teşekkür ederim. Devam edelim o zaman."

"Tamamdır. O gece tüm hayatım değişti ve ben buna dair hiçbir söz hakkı sahip değildim. Tam burada kaldık."

"Evet."

"O gece oturduğum yer vardı ya işte, bahsetmiştim sana. Yan tarafından bir kapı açıldı ve onunla tanıştım."

"Kiminle?"

"Fırat. Orada, oturduğum yerde çalışan bir garsonmuş işte. Öyle güzel gülümsedi ki bana, anlatamam."

"Sen ne yaptın?"

"Ne yapacağım psikolog? Ağzımın tam ortasındaki diş yüzünden ölüyordum utançtan. Ayrıca o kadar acım varken ne yapmalıydım ki? Gülemedim bile. Karnın aç mı, diye sordu bana. Tabii, gece yarısı dilenci gibi orada oturuyordum, ne soracaktı? Doğru, zaten ben dilenciydim. Unuttun mu, ben sevgi dilenirdim."

"Öyle deme sürekli lütfen."

"Ama öyle, Allah'ın bildiğini kuldan mı saklayayım! Ama…" dedi ve duraksadı. Böyle sanki anılara daldı Hasret kısa süreliğine. Yüzünde bir gülümseme oluştu ama çok kısa süren bir gülümsemeydi bu!

"Boş ver be. Sonrası buradayım işte!"

"Çok hızlı geçtin, olmaz bak. Ben not dahi almıyorum. 18 yaş ve burası kabul edilebilir değil."

"Fırat yüzünden buradayım çünkü!"

"Nasıl yani?"

"Hemen söylesem korkabilirsin ama yine de söyleyeyim. Onu öldürdüğüm için buradayım."

Donakaldım resmen karşısında. Dosyasını iyi incelemeliydim belki de. "Anlamadım." diye cevapladım.

"Anlamayacak bir şey yok. Beni maddeye alıştıran da odur!"

"Tam anlatır mısın rica etsem, rahatsız olmayacaksan? Dinlemek istiyorum."

"Rahatsız olmam, merak etme. Mahalle arası bir satıcı çıktı."

"Garsondu, şimdi madde satıcısı."

"Hepsi bir arada psikolog. Bu konularda gerçekten cahilsin."

"Haklısın."

"Poşetleri yani sattığı maddeleri ek iş gibi düşün. Bara gelen müşterilere satış yapıyor, onlar sayesinde de müşteri ağını çoğaltıyordu. Temiz yüzlü, uzun boylu ve kimsenin şüphelenmeyeceği kadar düzgün biri gibi duran Fırat! Fırat benden altı yaş büyüktü ama görsen yaşımız denk sanırdın. Orada tanıştık. Bana iyi davrandı ve evine aldı beni. Birkaç hafta boyunca evden asla çıkmadım, Fırat bana baktı. Çalıştığı barın arka sokağında, alt katta bir ev aslında. Tek oda. Zemin katın altında olduğu için de rutubetli bir oda. Camı bile yoktu psikolog. Hoş, camı olan evde yaşadım da ne oldu, değil mi? Perdeyi dahi açamıyordum. Hem artık dayak da yemiyordum. Sabahları çürüyen yerlerimin ağrısıyla uyanmamak o kadar lükstü ki benim için, sana anlatamam. Seviyordu beni Fırat. Seviyordu sevmesine de sevgi neydi? Zarar vermekti psikolog. O da zarar verecekti her seven gibi. Dayak yerine başka bir zarar ama önü sonu zarar."

Not defterime not almak için çıkardığımda, "Yapma." dedi bana. Kısık ve masum bir sesle, "Sana güveniyorum, içimi açıyorum."

Yapma dediği an defteri geri çantama soktum ve özür

diledim. "Yanlış anlayacağını biliyordum ama not almak istedim. Denedim, olmadı."

"Eskiden mevlitlerde, nişanlarda, cami çıkışlarında külahlarda şeker dağıtılırdı. Bilir misin psikolog?"

"Hayır."

"Senin yaşın o zamana yetmez, doğru. İşte, Fırat her gece eve geldiğinde böyle külahlar çıkarır cebinden, tuvaletteki sifonun içine saklardı. Bir ay boyunca beraber yaşadığımız için artık karı koca gibi olmuştuk. Akşamları sofra hazırlar, beklerdim. Normal bir gündü. Yine sofra hazır hâlde beklerken ben, bir hışımla eve girdi. Yüzüme dahi bakmadı. Direkt masadaki yemekleri yere itip cebinden bir külah çıkardı. Beyaz bir şey döktü masaya külahtan. Eli ayağı titriyordu. Kıpkırmızı bir surat ve gözleri fırlayacak gibi sert bakışlar atan Fırat'ı ilk defa böyle görüyordum ve kullandıktan sonra kendine geldi. Bir rahatladı, yani gülümsediğini hatırlıyorum bana."

"Sen ne yaptın peki?"

"Elim ayağım buz kesti. Birkaç saat, yere kıvrılan ve uyuyan Fırat'ı izledim. Kalktığında hiçbir şey anlatmadan bana yaşadığı mükemmel duyguyu anlattı. Öyle böyle bir şey değildi bu meret. Bir kullandığında hayat cennete dönüyor diye bahsediyordu. Hoş, bana tek odada yaşadığım o bir ay cennet gibi gelmişti psikolog. Cehennem gibi bir evde büyüyen birine cennetten bahsedilir mi hiç? Merak ettirmişti."

"İlk defa o gün kullandın yani."

"Evet, ilk defa o gün akşam kullandım. Cennet diye bahsettiği meret cehennemin ta kendisiydi. Üç ay geçti geçmedi, tam bir bağımlı hâline dönmüştüm. Beni seven o adam da çok değişmişti. Gerçek yüzünü ortaya çıkarmıştı. Eve getirdiğim sokak kedisine bile, 'Süt veremem. Bana masraf yükleme,' diyen adam, bir kadını evde bedava yaşatır mıydı? Ne sanmıştım ki? Hem artık bir köpek gibi bağımlıydım o merete ve mamam Fırat'ın ellerindeydi. Satışa çıkacaksın dedi. İlk önce ara sokaklarda küçük çaplı satışlar yaptırdı bana. Arkadaşlarına peşkeş çeker gibi yolluyordu beni. Ben de kimsenin yüzüne dahi bakmadan külah verip para alıyordum."

"Sonra?"

"Yüzeysel geçiyorum psikolog. Sonra beni büyük çaplı işlere göndermek istedi. Ben de ses edemedim. İş şehirler arasına döndü. Eğer yakalanırsam hapse gireceğimi dahi biliyordum fakat sorun hapse girmek değildi. Ben yakalansam Fırat ömür boyu borcunu ödeyemezdi o mallar yakalandı diye. Psikolojiye bak, kendinden fazla düşünüyorsun karşındakini. İnsanın yaptığı en büyük hata belki de, kendinden fazla karşısındakine değer vermek! Eve getirdiği külahları rahmime yerleştirirdik, filmlerdeki gibi psikolog. Onlarla on yedi saat yol gittiğimi bilirim. Bir poşet patlasa öleceğimden bile emindim ama bu meret öyle bir meret ki ölümü göze aldırıyor. Bazen yutarak götürürdüm poşetleri yakalanmayım diye. Otuz- otuz beş sene önce be psikolog. Nasıl cahilim, nasıl salağım. O poşetleri kusarak çıkarırken her seferinde kendime söz verirdim ama lanet olası bu meretten öyle kurtulamıyorsun işte. Canım çıksa da, ciğerim parçalansa da, her kusmada içim ağzıma çıksa da canım istiyordu, duramıyordum. Krizler beni benden ediyordu. Hâlâ ediyor be psikolog. Ama iyiyim. Son bir yıldır iyiyim."

"İyi olmana sevindim gerçekten."

Parmaklarıyla bir şeyler saymaya başladı ve kafasını yine sağa sola istemsizce çevirdikten sonra bana dondurucu bir bakış atarak, "Yedi. Evet evet psikolog, yedi ay sonra hamile kaldığımı öğrendim. Yani yedi aylık hamileymişim.

"Hamile miiiiiii?"

"Fırat bile bu kadar şaşırmamıştı. Hatta çocuktan kurtul bile demedi. Benim gibi bir bağımlının, hatta benim gibi bir zavallının çocuğu kendiliğinden ölürdü. Öyle demişti."

"Sen ne hissettin hamile kaldığını öğrenince? Yani hiç mi karnının şişmesinden anlamadın?"

"Ah be psikolog, ne hissi? His mi kalmış? Rahmimde ilk defa mı bir şey taşıyordum ki? Poşetler kadar gereksiz bir durumdu yaşadığım. Anneliğin ne olduğunu bilmiyordum ki. Hamileliğim boyunca da madde kullanmıştım. Laneti her gün kullanmıştım neredeyse. Aslında derdim çocuk hiç değildi, o ara derdim beni pazarlamasıydı!"

"Nasıl yani ya? Oradan oraya geçiyoruz. Bu nasıl bir durum? Gerçekten algılamakta sorun yaşıyorum."

"Bu böyle işte. Şöyle ki kendimden geçtiğim bir an vardı. O anı hiç unutmam. Eve birilerinin gelip benim için pazarlık yaptığını hatırlıyorum. Ben kendimden geçtiğim sıralarda bana sahip olduklarını düşündüğüm için banyoda iki saat kendimi keselemiştim. Hiç unutmam. Her yerim kan revan olmuştu, belki temizlenirim diyerek! Vücudum temizlendi ama o ruhumdaki yara mı diyeyim iz mi diyeyim, hiç geçmedi, geçemedi."

"Sanki bu olayın sonu kötü bitiyor gibi. Hâlâ eski günlerinde yaşıyor gibi anlatıyorsun."

"Evet, hâlâ ruhumda o yara var. Ne zaman banyo yapsam, temizlenirim belki diye kendimi çok fazla keselerim. Zaten o günün sabahında olan oldu!"

"Ne oldu?"

"Sabah çıktım evden. Her yerim acıyordu. Nasıl bir yara açtılarsa bende, cidden vücudumun her yeri çizik büzük hâldeydim. Bir teslimat işi vardı. Gittim, teslim ettim. İki üç saat kadar sonra eve döndüm. Tekrar bir teslimata gitmem gerekecekti fakat kapıyı çaldığım da kapıyı evin yeni sahibi açmıştı."

"Evden mi atmışlar sizi?"

"Ah be psikolog, safsın sen. Hayır, Fırat yeni birini getirmişti. Yani anneme olan bana olmuştu. Kuma gelmişti bana, kuma!"

"Sen ne yaptın peki?"

"Ben mi ne yaptım? İçeriye bir hışım girdim. Terlemeye de başlamıştım. Karnım da hissettiriyordu artık kendini iyice zaten. Fırat'a bağırdım çağırdım, bu evden gidecek hemen diye. Yüzüme bakarak, sen gideceksin bence diyordu diğer kadın. Ben ise ağlayarak, bağırarak haykırıyordum gidecek evden diye. Sonucunda Fırat beni aldı, kapıya fırlattı. Karnımda bebeğiyle birlikte o kapı dışına attı beni."

Gözlerini tavana dikti dostum. Öyle bir ah çekti ki. Devam etti sonrasında konuşmaya.

Biliyor musun psikolog, bir kez karanlığa adım attığında kalbin gün ışığını hissedemeyecek kadar kararabiliyor. Neyse devam edeyim...

"Titremeye başlamıştım psikolog, titremeye. Karnımda ağrılar, bir yandan düşürdüm sandım bebeği zaten o an. Kapıyı bir tırnaklamam vardı, inan, gidip baksan şu an o kapıya o kapıda tırnak izlerimi görürsün! Benim o kapıda kıvranışım umurunda değildi ki Fırat'ın. İçeriden sevişme sesleri geliyordu. Hiçbir yere gidemeyeceğimi öyle biliyordu ki. En sonunda kapıyı açtı. Giymiş bir şort. Geç köpek dedi, geç! İçeriye girer girmez tuvalete koşarak sifonu açtım. Külahlar orada olmalıydı ama açtığımda bir tane bile külah yoktu! Arkamdan tuvaletin kapısının kitlendiğini duyduğumda artık çok geçti. Bağırmalar, çağırmalar çare etmedi. Orada, o tuvalette bir iki saat kadar kapalı kaldım galiba. Geçirdiğim krizden dolayı fayanslara geçirdiğim o tırnaklarımdan çıkan kan kokusu hâlâ burnumda! Biliyor musun psikolog, gözlerim bir türlü karanlığa alışamadı. Hep aydınlık isterdim. Hâlâ isterim ama yanlış bir hayata sahipsen eğer, aydınlık zor be. Neyse, orada kaç saat kaldığımı hatırlamıyorum ama ölüyordum sanki. Nasıl anlatsam sana, kalbim boğazıma yapışmış gibiydi. Gırtlağımda atan bir kalp vardı sanki. Bayılıp kalmışım. Uyandığımda tuvaletin kapısı açıktı."

"Ara vermek ister misin?"

"Beni dinleyen birini bulmuşum. Not almayan, insancıl davranan… Her ne kadar psikologlara güven olmasa da sana güvendim. Devam etmek istiyorum. Eğer sen sıkıldıysan ara verebiliriz."

"Hayır hayır, ben senin için söyledim."

"En önemli yerinde kestin be psikolog, dinle."

"Tamam tamam, özür dilerim."

"Kapıdan çıktım. Yarım ayağa kalkabiliyorum zaten. Hâlâ madde arayışında gözlerim ve kriz beni benden almış hâldeydi. Sanki tek bacağım tutmuyor, kalbim hâlâ gırtlağımda can çekişiyor. Karnımda bir bebek. Dedim ya tek oda diye, kapıyı açar açmaz odaya geçiyorsun zaten. Benim kanla tanışmam erken yaşta oldu fakat hep kendi kanımı, annemin kanını görmüş biri olarak. Yerde, daha doğrusu her yerde kan vardı. Ve Fırat kanlar içerisinde yerde yatıyordu ama önemli olan o bile değildi, biliyor musun? Ne karnımdaki çocuk ne Fırat'ın kanlar içinde olması ne ben ne dünya ne evren ne başka bir şey. O maddeyi bulana kadar her yeri darmaduman ettiğimi hatırlıyorum. İçtiğimi hatırlıyorum. Sonrasında zaten bayılmışım."

"Sonra ne oldu peki, kalktığında?"

"Kalktığımda, uyandığımda ne oldu? Gözümü hastanede açtım zaten. Başımda polisler, kolumda serum ama bileklerimde kelepçeler. Fırat'ın ölümünden ben sorumluydum artık. Evdeki kadını anlattım ama kadına dair hiçbir kanıt, hiçbir iz bulunamadı. O kadını benim uydurduğum düşünüldü. Dayaktan sırtı moraran, tırnaklarında izler olan, evin her yerinde tırnak izlerim, her yerinde parmak izlerim. Benden makul bir katil olabilir miydi?"

"Ama sen Fırat'ı öldürmekten buradayım dememiş miydin? Yani Fırat'ı sen öldürmedin, doğru mu?

"Ya psikolog, sana bunu ben mi öğreteceğim? Madde kullanan insanın lafına güven olur mu hiç? Ben sana öldürmedim desem de inanacak mısın? İçeride kime sorarsan sor o yapmamıştır, herkes suçsuzdur, herkes masumdur. Ben de masumdum o yüzden de cinayeti kabul ettim."

"Yani sırf bu yüzden mi kabul ettin? Anlamakta zorluk yaşıyorum!"

"Evet, sırf bu yüzden. Artık yaşamak dahi istemediğim için. O an sağlıklı düşünemiyorsun ve benim için en iyi seçenek içeri girmekti bence ki öyle de oldu. Zaten aksini söylesem de bir şey değişmeyecekti!"

Bunu derken bir anda değişik bir tepki verdi. Masaya doğru sertçe ellerini vurdu. Tepki veriyordu. Elini de burnuna götürmeden edemiyordu. Sanki anılar onu maddeye kullanımına zorluyor gibiydi...

Hemen böldüm o ruh hâlini değiştirmesi için.

"Hapishanede zaten rahat durmamışsın. Birçok suç işlemiş, birçok ceza almışsın."

"Hapishaneden çıkmak istemiyorum ki ne kadar suç o kadar ceza."

"Yani burada daha fazla kalmak için mi suç işliyorsun?"

"Aslında çıkmamak için değil de ölebilmek için desek daha doğru. Yani amacım o yönde, ama olmuyor. Hiçbir yerde kalmak istemiyorum. Ben annem gibi değildim psikolog, acizdim. Aslında ben hep acizdim. Kendi canına bile kıyamayacak kadar korkak biriyim ben. O yüzden herkese sataşıyorum belki yaparlar diye. Sonuçta denesem de o haram olan intiharı kaç kez, annemin duası, feryadı hep aklımda. Benim yerime başkaları yapsın uğraşındayım."

"Seni asıl aciz hissettiren şey bu olamaz. İtirafa gücün var bence itiraf et."

"Edeyim. Doğumumla başladı benim hikâyem ve bu öyle bir hikâye ki yanlış bir hayatın içinde doğduğun zaman ne olursa olsun doğru bir hayat yaşayamıyorsun psikolog. Belki kendi seçimlerim olsaydı bir şansım olabilirdi ama kendi seçimim hiçbir zaman olmadı. Bak koluma." diyerek kolunu açtı ve bana Arapça yazılarıyla yazılmış bir dövme gösterdi.

"Anlamı nedir?"

"Yanlış hayat doğru yaşanmaz. İçeriye ilk girdiğimde bir mahkûm arkadaş yapmıştı."

"Hayatı doğru yaşamamak için elimden geleni yaptım ve koluma kazıttım diyorsun."

"Aynen öyle diyorum psikolog. Hamileliğime geçelim mi, ne dersin?

"Geçelim. Sana bıraktım ben not dahi almıyorum biliyorsun."

"Ben cezaevine gönderildiğimde karnım burnumda,

burnum da karnımdaydı zaten. İkinci aya girdim girmedim, tam hatırlamıyorum. Doğum sancılarımla, sağ olsun, müdürün imzasıyla tam teşekküllü bir hastaneye sevk edildim. Aslında müdür de kendini riske atmak istemedi. Madde bağımlısı olan bir kadının çocuğu nasıl doğardı, kim bilir, ama riske atılacak bir can değildi. Sonuçta candı, can. Ama ben o kadar acizdim ki. Hâlâ acizim de. O zamanlar çok da cahilmişim. Bir bebeğin annesi bağımlıysa bebeğin bağımlı doğma şansı çok yüksekmiş ve ben bu yüzden hiç affetmedim kendimi. Asla affedemem de. Ben hayatımdaki en büyük kötülüğü ne Fırat'a ne babama ne anneme ne de kendime yaptım. Ben o kötülüğü, altın vuruş dedikleri büyük darbeyi kendi oğluma yaptım! Oğlum bağımlı olarak dünyaya geldi psikolog. Şoka girmiştim resmen!"

"Bebeğine ne oldu? Yani doğduktan sonra ne oldu?"

"Ne olacak? Ölmüştür herhâlde. Bilmiyorum. Aldılar benden. Bak, kopardılar benden, ciğerimi söktüler demiyorum. Daha gözlerini açmadan en büyük kötülüğü annesinden görmüş bir bebek. Ne yaparlardı ki böyle bir bebeği? Doğduğu anı hatırlıyorum, kafamı çevirdiğimde hemşirenin kucağındaki morarmış bedenini. Kim bilir neler yaşadı benden sonra? Aslında yaşadı mı, onu bile bilmiyorum. Şu an yaşıyor mu acaba? Yaşadıysa hayatı nasıl geçti, kim bilir? İsmini bile koymuştum, biliyor musun psikolog? Bileğine geçirdikleri mavi bantta benim söylediğim isim yazıyordu: UMUT. Bir kader kurbanına konulacak en güzel isim, değil mi?"

"Güzel isim, evet."

"En büyük acıları yaşayan insanlar, çocuklarına en büyük vaatlerde bulunan isimler koyarlarmış. Annem mesela bana Hasret demiş, hasretini çektiğim hiçbir şey olmasın istemiş. Ben de o bebeğe UMUT dedim, belki bir yerlerden bir UMUT ile açar gözlerini diye. Ama sorun şu ya psikolog, annem hasret kalma demiş, ben her şeye hasret yaşadım. Herkese hasret yaşadım ve o bebeğe de hasret yaşadım. Kendi canım, kendi oğlum olan UMUT'A!"

"Hiçbir haber almadın mı çocuğun ile ilgili?"

"Dedim ya, aldılar benden. Devlet korumasına alındı işte. İyileşti mi, iyileştiyse tekrar maddeye başladı mı? Öldü mü? Yoksa bir köprü altında baygın mı yatıyor? Yoksa bir kadına dünyayı dar mı ediyor? Bilmiyorum hiç."

"Onu aramayı hiç düşünmedin?"

"Aramak mı? Hangi yüzle ya, hangi yüzle! Şans eseri diyelim ki sağlığına kavuştu. İnşallah da kavuşmuştur. Ara sıra aklıma gelir, dua ederim onun için. Benim gibi bir anneyi affeder mi yani? Benden utanır, benden tiksinir. Cehennemin en derinine atılmış annesinden en büyük kötülüğü gördü. En derininde doğdu o cehennemin. Affeder mi hiç beni? Ben olsam affetmezdim psikolog. Ben kötü bir anneyim, biliyorum. Anne bile değilim."

"Hayır, hayır. Öyle deme. Sen kötü bir anne olsaydın bu cümleleri asla kurmazdın."

"Bırak psikolog, kendini de beni de kandırma. Yaşım küçüktü, cahildim deyip kendimi mi affedeyim? Şımarıklık bu resmen! Nasıl telafi edebilirsin ki o bebeğe yaptığım kötülüğü? Kim bilir ne acılar yaşadı benim yüzümden.

Diyelim ki ölmedi, yani kim ne yapsın bağımlı, katil bir annenin bebeğini? Kim böyle bir bebeğe iyi davranır ki? Sahipsizliği iliklerime kadar yaşadım ben. Sahipsizlik çok kötü, çok."

"Yaşadıklarını asla küçümsemiyorum ve acına çok saygı duyuyorum. Hepimiz, yani tüm insanlar farklı acıları farklı biçimlerde yaşıyor ve deneyimliyor. O yaşlarda herkes cahil, tek sen değil. Ben de, o da, şu da, bu da. Sen diğer insanlara göre daha acımasız koşullarda yetişen ve zarar gördüğü için istemeden de olsa bebeğine zarar veren bir annesin. Şunu da söylemeliyim ki hâlâ anne olabilirsin."

"Neyi değiştirir bu söylediklerin?"

"Az önce dediğin gibi, cahildin ve bunu kabul etmen değiştiğin anlamına gelir. Demek ki eski zamanına bakıp ders çıkarabiliyorsun, olgunlaşmışsın. Eski zamanlarına takdir ederek baksan diyeceğim ki hâlâ aynı ama aradaki farkı anlayacak kadar değişmişsin."

"Sadece daha isyankârım. Eskiden sessiz kaldığım her şeye tepki veren bir deliye dönüştüm ben. Deli bir anne ha!"

"Öyle deme. Bu konuyu daha konuşacağız. Sormak istediklerimi sormak istiyorum şimdi müsaadenle."

"Tabii psikolog. Eksik kalma, sor."

"Asla bilgi alacağımı düşünme. Burada konuşulanlar, söz veriyorum, burada kalacak fakat bir konuya aklım çok takıldı. İçeri girdikten sonra da yıllarca madde bağımlılığı tedavisi görmüşsün. Nereden buluyordun? Yani tedavi olup olup tekrar başlamak nedir?"

"Başka biri sorsa bu soruyu cidden ağzımdan laf almaya çalışıyor derim ama öyle meraklı, öyle hoş soruyorsun ki psikolog. Çok safsın, içeride bu işleri yapanların olmadığını falan mı düşünüyorsun? Dışarıdan içeriye bu maddeleri sokmanın birçok yolu var. Sen sadece madde istediğini söyle. Sana bir kere iyilik yapan herkes devamında senden daha büyük bir iyilik isteyeceği için seni asla kırmaz. Ve bu konular sakıncalı yerlere giriyor. Rahatsız hissediyorum böyle şeyleri konuşurken. İçeri hakkında bilgi alıyor gibi sorular olmasın ve bu muhabbeti keselim cidden."

"Peki, dediğin gibi olsun. Rahatsız hissetmen için sormadım cidden. Benden istediğin bir şey var mı? Sona geldik artık."

"Evet var psikolog. Sigara alır mısın bana bir paket?"

"Yine güven testi mi? Başka bir şey isteseydin bari yemem artık."

"Şaka şaka. Teşekkürler dinlediğin için. Sigarayı da neden istediğime gelirsek, bir daha gel diyeydi."

"Söz, geleceğim."

"Tamamdır." dedi ve çıktı dostum.

Seans mı bitmişti ben mi bitmiştim, bilmiyorum. Çıktım arkasından bakakaldım. Onu tek kişilik hücre bölümüne götürdüler. Herhâlde öyle gördüm. Herkesin gittiği yönde değildi. Merak ettim, sordum zaten güvenliğe.

"Evet," dedi. "Tek başına kalıyor çok uzun yıllardır."

O elime sıkıştırılan kâğıda imzamı attım, teslim ettim ve oradan koşar adımlarla çıktım dostum.

Nereye gidersen git, gittiğin yerde kaderin seni bekliyor olacak ve sen sırtında geçmişini, içinde acını taşıdığın sürece o kadere boyun eğmek zorundasın arkadaş.

Çünkü sen geleceği geçmişine harcatıyorsun arkadaş.

Çıktığımda öyle daralmışım ki ilk işim o kravatı sökmek oldu dostum. Rutubetli havadan kurtulduğum için çekerek nefes almaya başladım. Huzursuzluk geri teslim aldı beni. Aslında huzursuzluk değil de, sanki üstüme bir yük yüklemişti Hasret. Hem de ne yük, omuzlarıma bastıran...

Biraz nefes aldıktan sonra annem aklıma geldi. Canım annem. Babamı altı yıl önce kaybettiğim için annemin bakımı tamamen bende idi. Annemin bakımı derken, anneye bakmak boynumuzun borcu, o anlamda demedim. Annem alzheimer hastası. Unutuyor beni, babam sanıyor çoğu zaman...

Annem babam özel insanlardı. Herkesin annesi babası özeldir. Çok geç yaşta çocuk sahibi olmuşlardı. Bu yüzden beni bir şans, beni bir lütuf gibi görüyorlardı Allah'tan gelen. Bu yüzden her şımarıklığıma boyun eğmişlerdi. Zaten tek çocuktum, evin gözdesiydim.

Lüks bir yaşama sahiptim. Annemin babamın sayesinde. Ama yine de dediğim gibi, derdim var diye gezen şımarık biriymişim. Şimdi anladım. Neyse, arabama gittim ve oturdum. Ama arabayı herhâlde bir saat falan çalıştırmadım. O direksiyona kafamı koyduğum gibi, duyduklarımın ağırlığından mıdır nedir, bilmiyorum ama içim geçmiş. Bir korna sesi ile kendime geldim. Arabayı çalıştırdım. Eve doğru yol almaya başladım. Eve yaklaştığımda fark ettim ki, ben o yolda durmadan gözyaşı dökmüşüm. İster inan ister inanma. Gömleğim terden sırılsıklam, yüzüm gözyaşımdan sırılsıklamdı. Arabayı tam garaj girişinden geçirdiğimde fark ettim, annem akşam çayını içmek için yanında bakıcısıyla balkonda oturuyordu. Beni böyle görsün istemedim, aslında hiç kimsenin beni öyle görmesini istemedim. Garajda bir süre kendime geldikten sonra eve çıktım. Anneme öyle bir sarıldım ki, canım annem diyerek.

Annem beni bir yıldır hiç hatırlamıyordu ama beni hatırladı ve "Hoş geldin oğlum. Efe'm benim." diyerek gülümsedi, dostum. Ben o an tüm gözyaşımı anneme teslim ettim. Ben ağladım, o ağladı. Ağlarken de şunu söyledi, "Anneyle ağlamak mutluluktur."

Annemi uyuttum ve odama çekildim. Bir duş aldım. İki rekât şükür namazı kıldım. Dua ettim, hâlime şükrettim. Fakat dediğim bir cümle vardı, hatırlar mısın? Yardıma ihtiyacı olan birini görürsen kendi hâline şükredip köşeye çekilirsen, bir gün yardım edilecek hâle gelebilirsin.

Şimdi yardım etme zamanıydı, işe yarama zamanıydı. Belki de hayatım boyunca ilk defa bir işe yarayacaktım.

Hasret Kurtuluş, oğlu Umut. Bağımlı olan bir bebeğe devlet sahip çıktıktan sonra herhâlde bir yurda yerleştirilmiştir. Doğum, hapishaneye yeni girdiği zamanlar olduğu için, otuz bir otuz iki yaşlarında olmalıydı yaşı. Bir yaş küçüğüm biri. Acaba nasıl bir yaşam yaşıyor? Acaba yaşıyor mu? Bulmaya çalışmalıydım onu ama Hasret Hanım'ın izni olmadan bunu nasıl yapardım? Etik değildi. Hele ki benim hastamdı Hasret. Hayatına dair böyle bir şey yapmam sakıncalı olabilirdi ama yapmalıydım. Yapmalısın Efe, bunu yapmalısın.

1 hafta sonra

Bu bir hafta evden hiç çıkmayıp muayenedeki tüm randevularımı iptal ettiğimi söylesem.

Bu bir hafta annemden başka hiçbir şey ile ilgilenmediğimi söylesem.

Ama şimdi Hasret Kurtuluş zamanı geldi, iyilik zamanı geldi.

Hapishanenin yolunu tutmuştum. Daha rahat bir hâldeydim. Ona yardım etmek istiyordum. Artık bu doktor ve hasta işini benim içimde çoktan aşmıştı. Buraya kadar okuduğunuz hikâye benim hikâyemdi ama artık benim hikâyem değil. Bu, yanlış hayat yaşayan bir kadının, Hasret Kurtuluş'un hikâyesi.

Görüşme odasına girdim ve ilk yaptığım iş sigarasını uzatmak oldu.

Gülümsedi ve "Hoş geldin psikolog." dedi.

"Hoş bulduk."

"Nasılsın görüşmeyeli? Bugün son görüşmemiz. Psikoloğun izni bitmiş, geri dönüyormuş."

"İyiyim, iyiyim de sen şimdi beni tedavi mi ettin?"

"İki kere görüşme tedavi için yeterli değil ama iyi geldiğimi düşünüyorum sana."

"Yok yok, öyle demedim ya psikolog. Hemen gard alıyorsun. Sanki iki yıldır beni tedavi ediyormuşsun gibi geldi. İçimi açtım ya sana, rahatladım sanki. Bana ödevler de vermiştin ya, onları da yaptım psikolog."

"Süper, çok sevindim. Nefes aldığın sürece hiçbir şey için geç değil, değil mi? İnsan biraz da olsa rahatlayınca, karar vererek yaşamını yönlendirmek istiyor."

"Evet psikolog, haklısın ama şunu söylemeliyim ki insan kendi başına gelen kötülükleri bir şekilde sineye çekiyor. Belki de unutuyor ama başkalarına yaşattığın sıkıntıları unutamıyorsun. Evet, mahkûm birisiyim. Evet, belki de kötü şeyler yaptım ama kötü biri değilim. Buna eminim."

"Bence de. Kötü biri olduğunu ben de düşünmüyorum. Bak, zamanın da azaldı burada. Eğer hiçbir suça karışmazsan çok kısa süre sonra buradan çıkacaksın."

"Korkuyorum be psikolog, korkuyorum. İçeriye alışınca insan dışarısı hapishane geliyor, inan bana. Buradaki duvarlar sınır koyuyor belki insana ama koruyor da aynı zamanda. Yıllar sonra, alışık olmadığım bir düzene nasıl alışırım ben. Zaten dışarıdayken daha kötü bir yaşam yaşıyordum ki sana şöyle anlatayım, ben öyle acı hissediyorum ki, öyle anlamsız, öyle güçlü ki hiç geçmeyecek gibi, hiç dinmeyecek gibi. Zayıf hissediyorum, çok zayıf. Nefes nefese kaldığım anlar oluyor yüreğimin daralmasından. Nasılsın sorusunu bile duymayalı çok uzun zaman oldu. İyiyim yalanı bile söyleyecek kimsen yok psikolog. Kanıyorum içten içe ve bunu sadece dört duvar biliyor!"

"İnsanız. Acı çekmek bizim için, ağlamak bizim için ve bunlar zayıflık değil."

"Ben çoktan pes ettim psikolog. Ayağa kalkmam çok zor!"

"Böyle konuşursan aciz derim gerçekten. Sen güçlüsün, kendi hayatını kurtarmak zorundasın! Bu senin için en büyük KURTULUŞ'tur ve bunu kimse senin yerine yapmayacak!"

"Gücüm yok. İnan bana inancım yok!"

"Şu anda bulunduğun ortam ve koşullar ne kadar kötü olursa olsun, hayatının sonuna geldiğin anlamına gelmez. Daha kitabın ortasındayız, sonunda değiliz."

"Değil mi psikolog? Belki bir sayfa, belki bir bölüm..."

"Evet. Nefes alıyorsan, bu, hâlâ hayatın bir parçası olduğun anlamına geliyor."

"Şöyle mi demeliyim, bugün şartlarım ne olursa olsun, nefes alıyorsam hayat beni hâlâ yenemedi?"

"Evet, hâlâ yenilmedin. Ve senin hikâyenin sonunu güzelleştirebiliriz. Yeni bir başlangıç yapabiliriz."

"Söylemesi çok kolay, değil mi psikolog? Ama benim için zor. Yeni diyorsun... Benim yeni anlayışım ne biliyor musun? Her gün uyandığımda eskimeyen ilk günkü gibi içimi yakan, acıtan acılar! Bunlar hep yeni ve tazeler!"

"Bence sen güne eski acılarını yeni gibi kanatarak başlıyorsun. Ondan böyle hissediyorsun."

"İsteğim kalmadı, neden anlamıyorsun? Kalmadı işte. Seninle konuşurken bir an, olabilir mi diye hissetmiyor değilim ama o son damla taşalı otuz sene olmuş."

"Kendine bir kez inansan çok daha kolay olur senin için. Geç kalmışlık hissi seni yer bitirir. Kendinden nefret ederek yaşamaya çalışıyorsun ama yaşamak bu demek değildir. Ne hata yaptıysan yaptın kabul et, affet ve devam et yoluna."

"Yaşamak diyorsun. O ne demek, onu bile bilmiyorum. Sana anlattığım kısımda sence ben yaşamış mıyım? Kendini yerime koy ve doğru söyle. Ben yaşamış mıyım hiç?"

"Yaşın kaç olursa olsun fark etmez, bunu öğrenebilirsin. Sadece tek bir karar verip arkasında durmayı bilmelisin. Madde bağımlılığının ne kadar ölümcül, berbat, cehennem olduğundan bahsediyorsun. Bunu idrak edebiliyorsun ama bu düşüncenin arkasında duramıyorsun."

"Güldürme beni çocuk, güldürme."

"Senin yaşadıklarını başkası yaşasa, belki de çoktan mezara koymuştu kendini ya da daha büyük suçlara bulaşabilirdi ama senin intihar edememen cesaretsizlikten değildi bence. Tam tersine, yaşamayı göze alacak kadar cesursun."

"Sebebim bile yokken, değil mi? Ne kadar salağım, hâlâ cahilim be ben."

"Hayır, sebebin var ama sen bilmiyorsun."

"Neymiş sebebim?"

"Oğlun."

"Oğlum mu? Bugün güldürme günündesin psikolog. Yaşadığını dahi bilmediğim... Hadi yaşıyor diyelim, onu bulmam imkânsız. Hadi buldum diyelim, ben olsam beni affetmem."

"Aklında hep bu sorular vardı, değil mi? Sürekli aynı cümleleri tekrarlıyorsun. 'Ben olsam beni affetmezdi.'"

"Ah be psikolog. Bir sıçan gibi beynimi kemiren, kasırga gibi beynimde dönen sorular hiç yakamı bırakmadılar."

"Bilirim, emin ol bilirim o duyguyu. Ama tam tersine, aslında sen bu sorulardan almışsın yaşama gücünü. Hayat bazen öyle sorular sordurur ki insana, cevapları alana kadar rahat ettirmez. Belki de çok yaklaştın, belki de istediğin cevapları alacaksın."

"Yapma, bana UMUT verme. Bu, iyi bir şey değil. Ben böyle yaşar, ölürüm ama umutlandırma beni."

"Kendine bunu yapma, kötü bir şey değil bu. Belki de kavuşacaksın. Hayat mutlu bir son biçiyor olabilir sana."

"Psikolog, mutlu son diyorsun. Son var, biliyorum evet ama mutlu değil."

"Neden öyle diyorsun?"

"Çünkü dayanamam. Bana nefretle bakarsa dayanamam, o an ölürüm işte. Bana cesurluktan bahsediyorsun ama ben korkak biriyim."

"Öyle olmadığını ikimiz de biliyoruz. Hepimizin hayata tutunacak sebebi vardır. Senin sebebin oğlun olsun, benim annem olsun, başka birisinin kedisi olsun, başka birinin sanal dünyası olsun, fark etmez. Hepimiz aldığımız sorumluluktan yakalıyoruz bu sebepleri."

"Yani ne diyorsun? Ben bu yaştan, bu yaşantıdan sonra sorumluluk mu alacağım."

"Evet, kendi hayatının sorumluluğunu alacaksın."

"Bunu yapabileceğime inanmak isterdim ama yapamam."

"Yapabilirsin tabii, neden yapamayacakmışsın? Sen ölmek yerine yaşamayı tercih edecek kadar cesur birisin. Unutma bunu lütfen."

"Bana yapmam için bir yol göster psikolog, yapabilmem için."

"Sana bir hikâye anlatmak istiyorum. Uzun değil kısa, korkma."

"Bana hiç hikâye anlatmamışlardı, biliyor musun? Uzun da olabilir, dinlerim sonuna kadar."

"Tamamdır. Bu, bir tüccarla papağan arasında geçen bir hikâye. Daha doğrusu papağanın sahibiyle arasında geçen bir hikâye.

Bir tüccarın bir papağanı var. Mal almak için de bu tüccar zaman zaman Hindistan'a gidiyor. Gitmeden önce de ailesine çok düşkün olduğu için tüm aile bireylerine sorar.

'Hindistan'dan size ne getireyim, ne istersiniz hediye olarak?'

Karısının isteğini, çocuklarının isteklerini tek tek not alıyor ve hepsini getireceğine söz veriyor.

Kafesin içerisindeki papağan da bu mevzuyu, yani ailesiyle tüccarın arasındaki konuşmayı dinliyor ve oradan bağırmaya başlıyor.

'Bana sormayacak mısın?'

'Bana sormayacak mısın?'

Tüccar, kuşunun daha fazla çırpınmasına dayanamayıp kafesin yanına gelip, 'Söyle güzel kuşum, sen ne istersin?'

Papağan da şöyle bir istek de bulunuyor.

'Benim akrabalarım var. Hindistan'da, ormanda yaşıyorlar. Onlara git şunu söyle: Hiç reva mıdır? Ben kafeste yaşarken siz ormanda, yeşillerin arasında meyvelerin arasında, süslü güzel eşlerle gününüzü gün ederken benim burada, kafes içerisinde kalmam reva mıdır? Hiç aklınıza gelmez miyim? Hiç beni düşünmez misiniz, sorup soruşturmaz mısınız de onlara… Ve onların da vereceği cevabı ne olur bana getir. Senden isteğim budur.'

Tüccar önce düşünüyor. Ne kadar anlamsız ya bu kıskanç bir papağan herhâlde diyor. Kendi akrabalarının ormanda özgür eşleriyle gününü gün etmesini kıskanıyor herhâlde ama yine de papağanını çok sevdiği için diyor ki,

Tamam, senin isteğini de yerine getireceğim. Hindistan'a gittiğimde ormanı bulup anlatacağım akrabalarına…

Ve yola düşüyor. Çok uzun bir yol. Develerle, atlarla yolda çok badire atlatıyor. Hırsızlar, yol kesiciler derken en sonunda ulaşıyor Hindistan'a...

Büyülü Hindistan, baharat kokuları, güzel kumaşlar, insanlar, renk cümbüşü hayal dünyası gibi bir Hindistan. Çarşıda pazarda dolaşıyor. Ticaret yapacağı malların en güzellerini seçiyor. Bütün yüklerini yüklüyor kervanına. Bütün işini bitiriyor ve ondan sonra kendine sipariş edilen hediyeleri tek tek arıyor ve buluyor.

Son anda papağan aklına geliyor. Ya diyor, benden bir ricada bulunmuştu, ben de söz vermiştim kendisine. Hemen ahaliye soruyor, buradaki papağanlar nerede yaşar.

Onlar da hemen tarif ediyorlar. Şuradaki ormanda yaşarlar. Şuradan git, buradan git, orada göreceksin ormanı diyorlar.

Bütün işleri bitiyor ve ormana doğru yola koyuluyor. Ormana gitmesi de bir iki gün sürüyor. Neticede, mükemmel bir ormana denk geliyor. Ormana girdiğinde yüzlerce papağana denk geliyor.

Oooo diyor, bizim papağanın akrabaları herhâlde bunlar. Biraz, papağanlara ses etmeden izlemeye başlıyor. Hepsi renk cümbüşü içinde. Eşleriyle birlikte gagalarını birbirlerine vuruyorlar, meyvelerden yiyorlar. Durup kendi kendine diyor ki, benim papağan kıskanmakta haklı, akrabaları burada özgürken benimki kafeste yaşıyor...

Papağanlara sesleniyor, 'Size bir mesajım var. Benim bir papağanım var, memlekette kendisi. Size şöyle bir mesaj iletmemi istedi. Dedi ki: Ben kafesin içinde böyle yaşarken, hürriyetimden yoksun olarak, benim oradaki akrabalarım eşleriyle renk cümbüşü içerisinde, o güzel ormanda, meyveliklerin içerisinde yaşamaları reva mıdır?' derken ön sırada duran papağanlardan birisi titremeye başlıyor ve dalından düşüp pat yere...

Tüccar gidip bakıyor ki gerçekten ölmüş. 'Aman Allah'ım, ben bunun ölümüne sebep oldum. Demek ki benim papağanımın en yakın akrabası bu. Kafes içerisinde yaşamasından çok üzüntü duydu, şok geçirdi ve düştü öldü. Ben buna vesile oldum. Hiç aklı olmayan bir adam mıyım, papağanımın aklına uydum.' diye dövünürken iş işten geçiyor, papağan ölüyor...

Bin pişman hâlde memleketine geri dönüyor. Günler haftalar süren yolculuktan sonra Bağdat'a varıyor. Kendi tüccarlığından dolayı satacağı mallarını indiriyor ve evine gidiyor. Eşinin, evlatlarının hediyelerini dağıtıyor. O arada papağan kafeste ne olacağını merakla beklerken herkes sevinç içerisinde öpüşüyorlar, sarılıyorlar. Hediyelerine bakarken papağan bir anda bağırmaya başlıyor,

'Benim sana söylediğimi yaptın mı, akrabalarımı buldun mu?'

Tüccar bir anda sinirlenip papağanın yanına gidiyor ve, 'Keşke senin dediğini kabul etmeseydim de keşke gidip anlatmasaydım! Bana büyük bir iş yaptırdın ve çok üzgünüm, çok pişmanım!'

Papağan, 'Ne oldu ki?' diye merakla soruyor.

Senin bana söylediklerini aktarırken ön sıralardaki bir papağan önce titredi, sonra düştü ve öldü. Herhâlde senin en yakın akrabalarından biri. Bu acıya, üzüntüye, senin kafes içerisindeki hâline üzüldüğünden dolayı onun ölümüne sebebiyet vermiş oldum ve bunun nedeni de sensin!" derken tüccar, papağan kafeste bir anda titremeye başlıyor ve pat diye kafesin zeminine düşüyor. Öylece kalıyor.

Bu sefer tüccar dövünerek, 'Allah'ım, kendi papağanım da öldü!' diyerek telaşla kafesin kapağını açıyor ve papağanı iki avucunun ortasına alıp, ey güzel papağanım, ben senin de ölümüne sebep oldum derken pırrr diye uçuyor papağan. Camdan çıkıp dala konuyor. Şok geçiriyor tüccar. Bir papağana bakıyor, bir boş kalan avuçlarına…

Papağan sesleniyor; 'Gördün mü? Gördün mü?'

'Neyi gördüm mü?'

'Benim oradaki akrabalarım bana kafesten kurtulmamın yolunu öğrettiler. Öldü gibi bir numara yap. Seni mutlaka kafesten çıkaracak, o esnada dışarıya çıkar uçarsın ve uçtuğun, konduğun yerden de bizim yanımıza gelirsin. Bana hâl diliyle nasıl kurtulacağımı anlattılar! Ey sevgili sahibim tüccar, sen de benim gibi özgür olmak istiyorsan ten kafesinden çık. Ölmeden önce öl ki gerçek özgürlüğe, gerçek hürriyete ulaşabilesin…'

Hikâye böyle işte. Burada ruhun asla ölmeyeceği anlatılıyor ve ben senin hayatına baktığımda sen ölmeden önce çok ölmüşsün ama hiçbirinde diri kalkamamışsın. Şimdi sen bana söz ver, ben de sana söz vereyim. Senin sözün bugün dua edip, uykuya dalıp sabah kalktığında yeni bir hayat yaşayacağına, oğlunu bulup buradan kurtulacağına ve ölmeyi asla düşünmeyeceğine, benim sözüm de sana oğlunu bulacağım olsun!"

Gözyaşları sel oldu dostum o an. Ölmeden önce ölmek diyerek beş altı kere tekrarladı.

"Evet psikolog, evet. Bu sefer ölmeden önce öleceğim ama bu sefer intihar ya da kötü bir şey olmayacak. Ve sana söz veriyorum. Bundan sonra düzgünce durup buradan kurtulup oğluma kavuşacağım günü bekleyeceğim. Ama psikolog, bana yalandan umut veriyorsan iki elim yakanda olur!"

Ben ise gülümsedim, sadece gülümsedim ama bu gülümseme güneş gibi bir şeydi herhâlde. Tüm her yer aydınlanmış gibi, kendimi bir işe yaramış gibi hissettim.

"Tamam, anlaştık o zaman! İki elin yakamda olsun, kabul."

"Anlaştık."

"Bana neden iyilik yapıyorsun psikolog bilmiyorum ama dünyanın sonu gelmiş gibi hissediyorum, biliyor musun? Sanki biri iyilik yapınca dünyanın sonu gelecek düşüncesi çok kötü bir düşünce. Kötülüğe o kadar alışmışım ki."

"Belki de kendime iyiliktir bu, bilemezsin. Sen benden haber bekle, kötü düşüncelere izin verme lütfen."

"Tamam psikolog. Bugün dua edip sabah yeni bir ben ile uyanıyorum!"

"Güveniyorum sana!"

"Bana güvendiğin ve el uzattığın için tekrar tekrar teşekkür ederim ama bir sorum olacak sana."

"Tabii ki."

"Söz vermek ne demek psikolog."

Gülümsedim.

"Küçük bir hikâye anlatıp gideyim o zaman. On dört yaşındaydım. Çok şımarık bir çocuk olmama rağmen kendi paramı kazanmak için bir yerde çalışmak istiyordum. Babama çok ısrar ettikten sonra babam bana bir iş ayarladı. Babamın arkadaşı Duha amcanın yanında kaydıraklı, kocaman bir havuzu olan aquaparkta işe başladım. Berbat ötesi bir işti. Sıcak öyleydi ki havuza atlamak istiyordum herkes gibi atlayamıyordum ve elimde garsonluk yapmak için soğuk içecekler! Herkes eğleniyordu ama ben çalışıyordum. İkinci gün işi bırakmaya karar verdim ve babama gittim. Durumu anlattım. Babam da bana Duha amcaya yazın orada çalışma sözü verip vermediğimi sordu. Söz vermiştim! O hâlde sözümü tutmamı söyledi. Söz verdiğim için hayatımın gerçekten en berbat iki ayını geçirdim. Son gün hariç. Duha amca çalıştığım alana geldi ve bana yirmi senedir benden başka hiçbir çocuğun yaz boyunca çalışmadığını söyleyip ikramiye verdi. Tam 75 TL. Kazandığım en değerli paraydı ve hâlâ saklarım. Ama paradan daha önemlisi, sözümü tutmayı öğrenmiştim."

Gülümsedi ve "Ya psikolog, gördün mü? Neymiş, demek ki sadakat her şeyden önce gelirmiş. Teşekkürler, sözün ne demek olduğunu bildiğini iyi anladım.

"Evet, sadakat her şeyden önce gelir. O dersi paha biçilemez şekilde almıştım dediğim gibi."

"Kendine iyi bak psikolog ve iyi kal."

"Ben iyiyim de biz iyi olalım. Biz iyi insanlar kötü şeyler de yaşasak iyilikten vazgeçmeden iyi olalım! Sen de kendine iyi bak…"

İyi insan olmak,
kötülük bilmeyen demek değildir.
Kötülüğü bilen, anlayan, hisseden
ama iyiliği seçen demektir!

Hapishaneden çıktığımda duygularım darmadağındı fakat çok güçlü ve çok istekli biriydim, artık içimdeki hapishaneden o hikâyeyle birlikte sanki ben de kurtulmuştum!

Artık başka bir Efe vardı. Belki de Hasret'in sebebi benim sebebim olmuştu. Yaşama tutunma adına, sevinç adına, bir mutluluk bulma adına. Uzun zamandır ölü gibiydim. Artık ölü toprağı atma zamanı gelmişti. Herkesin sorduğu sorulara cevap verme zamanım geldi. Belki de içimdeki kaybolmuş bir şeyleri bu sözle birlikte ben de bulabilirdim. İşe yarayabilirdim!

Kimseye söyleyemiyordum ama Hasret'in eksikliğini tamamlamak için uğraşacaktım fakat benim içimdeki eksikliğin nasıl dolması gerektiğini hiçbir zaman bulamadım. Bir şeylere ihtiyacım vardı. Bir şeye ama neye? Yıllarca bu soruyla kendimi sorguladım durdum fakat bulamadım. Neye ihtiyacım vardı, neye eksiklik yaşıyordum; bulamıyordum!

Arabamla eve döndüm. Otoparkta uzunca süre bekledim. Düşündüm durdum ve kendime bir söz verdim. Hasret'in oğlunu bulacağım!

Kendine söz vermek başkasına söz vermekten daha zordur ki tutulması mutlak bir zorunluluktur!

Hasret'in oğlunu bulacağım!

Yapabildiğinin, elinden gelenin en iyisini yap!

Bu, senin nasıl biri olduğunu gösterir.

Kendime bir yol haritası çizdim. İlk önce yetiştirme yurdundan başlamam gerekiyordu. Gitmeden önce üniversite zamanındaki hocalarımın birinden yardım istedim. Yardım istemek iyidir, yardım istemek zayıflık değildir!

Hocam bana yol gösterdi ve bağlantıları sayesinde şehrin en büyük yetiştirme yurdundaki müdüre ulaştım ve onun yanına yola koyuldum. Ayrıca yardım almasam, elimi kolumu sallayarak oraya gitsem inanın sorularıma cevap alamazdım! Sonuçta öyle bir dönemdeyiz ki tanıdığın olmazsa bir hiçsin!

Çok heyecanla başladığım bu yolda, Allah'ın da izniyle güzel şeylere kavuşacağımı ve Hasret'i hasretten kurtaracağıma inanıyordum çünkü niyetim saf, tertemiz ve iyilik üzerineydi.

İnanç ve iyiliğin açamayacağı bir kapı yoktur!

Yola koyuldum, gittim. Biraz beklettiler beni ama müdür beyin odasına alındım en sonunda. Müdüre baştan sona hikâyeyi anlattım. O da benden tam tarih ve isim, soy ismi vermemi söyledi. Zaten sonuçta ihtimal sayısı çok azdı çünkü çocuğun, yani Umut'un hastalığı milyonda bir, hatta milyarda bir diyebiliriz, insanda görülürdü...

Bilgileri alan müdür, arşive inmek için odadan çıkarken bir cümle kurdu bana.

"İğneyle kuyu kazıyoruz, hadi hayırlısı."

"UMUDU ARIYORSAN UMUTSUZLUĞA YER YOKTUR!" dedim ve takılmadım cümleye. Ve müdür bey odadan çıktı, arşive gitti. Ben de elime aldım telefonu, başladım araştırma yapmaya Google'dan. O yıla ait haberler, doğumlar, ne varsa bakmaya çalıştım ama hiçbir haber, polis açıklaması ya da başka bir şey bulamadım.

İhtimalleri zorluyordum. Fırat'ın ölüm haberlerine bakmalıyım dedim. Bakmaya başladığım an kapı açıldı ve müdür bey geldi.

"Maalesef kayıtlarda böyle bir çocuk yok ama seni biraz daha bekleteceğim. Bir araştırma yaptırıyorum. O zamana kadar kahve içelim birlikte, ne dersin?"

"Olur tabii ama ne araştırması?"

"Hastanelere baktırıyorum. O zamanlarda böyle tedavi gören birisi var mı diye. Sonuçta hocanın hatırı bende büyük. Seni eli boş göndermek istemiyorum."

"Teşekkür ederim. Büyük bir iyilik olacak gerçekten bu."

"İyiliği bilmeyiz be evlat biz. Bildik de ne oldu ki? Kötülükle karşılık verdikleri için iyiliği bıraktık, hatıra bakıyoruz artık."

"Haklısınız demek istemiyorum bu cümleye fakat galiba öyle."

"Öyle öyle. Umarım çocuğa ulaşırız."

"Tek temennim budur."

"Çocuk senin neyin oluyor? Kardeşin falan mı?"

Sahi dostum, hiç düşünmedim bunu. Benim neyim oluyordu?

"Hayır, kardeşim değil. Sadece bir hastamın yakını."

"Allah Allah, hiç kimse hastamın yakını diyerek böyle aramaya gelmemişti. İnsanlar genellikle kardeşi, oğlu, ne bileyim, birinci derece akrabaları için geliyorlar. Şaşırdım doğrusu."

"Neye şaşırdınız?"

"İyi niyetine evlat, iyi niyetine."

"İşimi severek yapıyorum diyelim."

"İşin bu değil. Hocan aradığında psikolog bir öğrencim dedi. Psikolog değil misin?"

"Evet, psikoloğum ama psikolog olmam iyilik yapmama engel değil."

"Helal be! Adın ne demiştin?"

"Efe."

"Adın gibi yaşa. Umarım buluruz bir iz, oradan devam edersin."

Kapı çaldı, kahve geldi, kahve soğudu. Bakıştık, bakıştık, durduk. Soğuk bir ortam oluştu. İyilik yapmayı bu kadar sorgulayan bir insandan iyilik bekliyordum.

Bir daha kapı çaldı ve kâğıt geldi. "Müdür bey, buyurun." dendi.

Müdür de bana uzattı kâğıdı, "Hadi iyisin, var bir iz."

"Teşekkür ederim." deyip kâğıdı aldım. Önümde buz gibi olmuş kahveyi fondip yapıp, vakit kaybetmeden odadan tam çıkıyordum, kolumdan tuttu.

"Bak evlat, haddime olmadan sana bir şeyler söyleyeceğim, kusura bakma. Bu yolda gitmeye başladın mı durabileceğin mantıklı bir yer yoktur. Sağlığı, barınmasıyla ilgilenebilirsin. Onu izleyebilir ya da izletebilirsin. Güvende tutarsın. İsteklerini, arzularını, hepsini öğrenebilirsin. Onun hayatını kontrol edebilirsin. Hatta birkaç yıl işe yarar bu. Onun görülmez yardımcısı olmak seni iyi hissettirebilir ama uzun sürmez. Bu bir aldatmacadır. Bu onunla hiç alakalı değil, seninle alakalı! İçindeki duyguyu bastırmak için didinip duracaksın. Bak, tüm harcayacağın para, harcayacağın zaman, yapacağın iyilikler, ona verdiğin o umut boşa çıkarsa hiçbiri onun yerini tutmaz. Sadece güzel bir jest olur. Bu sana jest ama ona kahır olur. Haberin olsun evlat."

O konuşurken gözlerim hafif doldu, anlamsız şekilde. O an hiç tanımadığım bir adamdan öyle bir ders almıştım ki. Haklıydı da, ya boşa çıkarsa! Bu düşünce zaten vardı aklımda ama bu umudu ben vermiştim, benim hatam olacaktı. Eğer boşa çıkarsa ne yaparsam yapayım ona iyi hissettirmeyeceğine de eminim.

Bu benimle alakalıydı. Kendime iyilik için mi yapıyordum yoksa Hasret'e iyilik miydi bilmiyordum ama adı iyilikti işte!

Duraksadım, kâğıda baktım. Kâğıtta bir hastane kaydı vardı. Hemen hastaneye doğru yola çıktım. Otuz yıl dostum, otuz küsur. Hatta, gerçekten müdürün dediği gibi, iğneyle kuyu kazıyordum fakat iğneyle kuyu kazılır mı? Kazılır. Allah yardımcım olsun yeter bana. İçimde büyük bir UMUT vardı üstelik biliyor musun içimde o rahatsız edici lanet bir eksiklik huzursuzluğu var ya o yok kayboldu. İnşallah terk etmiştir beni!

Hastanede kadın doğuma ulaşmak, kayıtlara ulaşmak bayağı hırpaladı ve yorucu oldu benim için. Anlamsız şekilde o koridor, bu koridor sürükleniyordum resmen. Yanlış yönlendirmeler, insanların ilgilenmeyişi, kendi beceriksizliğim, adını ne koyarsan koy ama sürükleniyordum işte. En sonunda vicdanlı bir hemşire "Yardım edeyim tabii." dediğinde ne diyeceğimi bilemedim. Otuz yıl öncesine dair bilgisi olmayacak kadar genç birisiydi.

Sahi, müdür bana eski başhemşire tanıdık demişti ama dinlemediğimi şimdi fark ettim. Adamın tavırlarından dolayı dinlemeyi bırak, iletişim kurmak bile istememiştim. Hemen hemşireye ilettim.

"Eski başhekimlerinizden birisini arıyorum."

"Eski başhekimler mi? Ben bilmem ama arkandaki pano bilir." dedi ve gülümsedi.

Gözüm görmüyordu ki dostum hiçbir şeyi. Önünden belki de elli kere geçmiştim o panonun. Arkamı bir döndüm ki yıllara ait çalışanların fotoğrafları, tarihleri, her şeyleri yazıyordu.

Elimle sayarak bulduğum adamın tam ismine bakarken hemşire seslendi.

"Emre Hoca o. Eğer hâlâ taburcu olmadıysa hasta olarak hastanemizde tedavi görüyor, kalp cerrahi bölümünde. Sen şanslısın ama o hasta şanslı değil. İşine yararsa belki iyi hisseder, ilaç olur. Koş hadi." diyerek cesaret vermeye çalıştı o gülümseyen hemşire.

İnsanlar yardım ederken gülümsemesi yok mu, çok güzel ilaç be dostum!

Teşekkür ettim ve kalp cerrahi bölümüne doğru yürümeye başlarken düşünceler beynime yerleşti. Sanki her şey ayağıma geliyor gibiydi. Bu, olabilir miydi? Plan yok, proje yok. İyi niyetimi almışım sırtıma, çıkmışım uçsuz bucaksız bir yola. Sanki Allah işimi kolaylaştırıyordu.

Kalp cerrahi bölümünün önüne geldiğimde duran hemşireye anlamsızca bakmadım çünkü soracağım soruyu biliyordum. Beklemeden eski Başhekim Emre Hoca'yı aradığımı ilettim. İsmi duyan hemşire 356 numaralı oda diyerek yolu eliyle koridorun sonunu gösterdi.

Hiç durmadan 356 numaralı odaya yöneldim. Kapıyı tıklattım ve içeri girdiğimde tonton, yaşlı bir amcayla karşılaştım. Ağzındaki oksijen maskesini aşağıya çekti ve gülümsedi. "Yanlış odadasın herhâlde evlat." dedi.

Ben de gülümsedim ve o gülümsemekteki samimiyeti hissederek, "Hayır, hayır sizi arıyorum eski Başhekim Emre amca."

"Amca mı?" diyerek baktı şöyle bir anlamsız.

"E amcam yaşındasınız."

"Ha, o anlamda. Anladım. Gel bakalım."

Yanına oturdum. "Nasılsınız, iyi misiniz? Tedavi görüyorsunuz herhâlde yıllarca emek verdiğiniz hastanede."

"Evet, kötüydüm ama şimdi iyiyim de anlamadığım bir şey var. Tanışıyor muyuz?"

"Yok, tanışmıyoruz ama sizin çalıştığınız döneme ait bir bilgi gerekiyor bana."

"Peki neden bilgiyi almak için soru sormadın da nasılsın falan diye geveliyorsun?"

"Bu gevelemek değil ki, insanlara değer vermek."

Gülümsemesi ay gibiydi o an dostum.

Bir insana değerli olduğunu hissettirmek için birçok uğraşa gerek yok. Nasılsın sorusu bile değer verdiğinin göstergesidir.

Nasılsın?

"İnsan olmak başka bir şey. Şimdi sen bana ne sorarsan sor, elimden gelen ne varsa yaparım."

"Bir bilgi gerekli." Yılı, tarihi ve hastalığı ilettim.

"Evet evet, UMUT!"

"Evet Emre amca, doğru."

"Fakat ona başka bir isim verilmişti. Yani kolunda Umut yazıyordu ama neydi ya, hatırlayamadım.

"Yanılıyor olabilir misin?"

"Ya hayır, kadını da hatırlıyorum. Böyle olaylar kırk yılda bir yaşanır genç adam. Acıdan yoğrulmuş, çıtı pıtı bir kızcağızdı. Tutuklu olduğu için jandarmalar getirmişti. Meğer çocuğun babasını öldürdüğü için ceza almış. Çok şaşırmıştık."

"Evet, tam olarak bahsettiğin olay Emre amca. Kadının adı HASRET KURTULUŞ, oğlu da Umut."

"Yok, Umut bileğindeydi ama isim o verilmedi, eminim buna. Hatta hastaneden çıkmadan evlatlık verildi o çocuk. Çok uzun süre tedavi gördü. Çok çok iyi hatırlıyorum."

"Emre amca çok önemli, çok değerli bu bilgiler ama hafızanı zorlasan lütfen."

"Zorluyorum ama çok yıl oldu. Yani öldü sandığımız çok olmuştu, nefes alıyor gibi hissettiğimiz. Kapısında beklediğimiz bir bebekti o ama adını inan hatırlamıyorum."

"Anladım. Peki, kime verildiğini hatırlıyor musun?"

"Evet, hatırlıyorum. Neydi ya!"

Sessizlik içinde bekliyordum dostum o an.

"Ben imzalamıştım evrakları son aile almaya geldiğinde. Biraz izin ver, hatırlayacağım diyerek oksijen maskesini iyice yüzünden çıkardı. Gözlerini kapadı."

Ben ise, "Rabb'im yardım et!"

Bir dakika kadar öyle bekledikten sonra, "TUĞRA Ü…! Evet evet. İsmi, soy ismi kesinlikle bu."

"Bayrak mı soy ismi? Eski babasının soy ismi mi acaba?"

"Hayır hayır ya evlatlık alan aile isim soy ismi değiştirdi. Hatta evrakları getirdiler, ben imzaladım dedim ya bu işte, iyi hatırlıyorum.

Hemen not aldım. Sevinç kursağıma kadar gelmişti. Bağırmak istiyordum, bulmaya yaklaştım der gibi.

Hemen Emre amcanın elini öpmek istedim o an.

Eğildim ama vermedi, gerek yok diyerek.

"Başka yardımcı olacağım bir şey var mı?"

"Nereye gönderildiğini hatırlıyor musunuz? Şehir olarak ya da semt olarak ya da başka bir şey Emre amca. Ne öğrenirsem benim için kâr sayılır."

"Bebek bağımlıydı. Böyle bilgileri çok da ulu orta tutmaz devlet. İnsanlar büyüdüğünde tehdit olarak kullanmasın diye saklarlar evlat. Arşivde bile olmayabilir bilgiler. Benim bilgim bu kadar vallahi. O konularda hiçbir bilgim yok, onları bulamazsın da. İsim ve soy isimden yola çıkmalısın."

Emre amca bana gerektiğinden çok daha fazla yardımcı olmuştu. Çok teşekkür ettim ona ve vedalaştım onunla ama bana vedalaşırken bir cümle kurdu, çok hoşuma gitti.

"Yine gel genç adam. Sohbete gel."

"İnşallah." deyip, gülümseyip odadan çıktım.

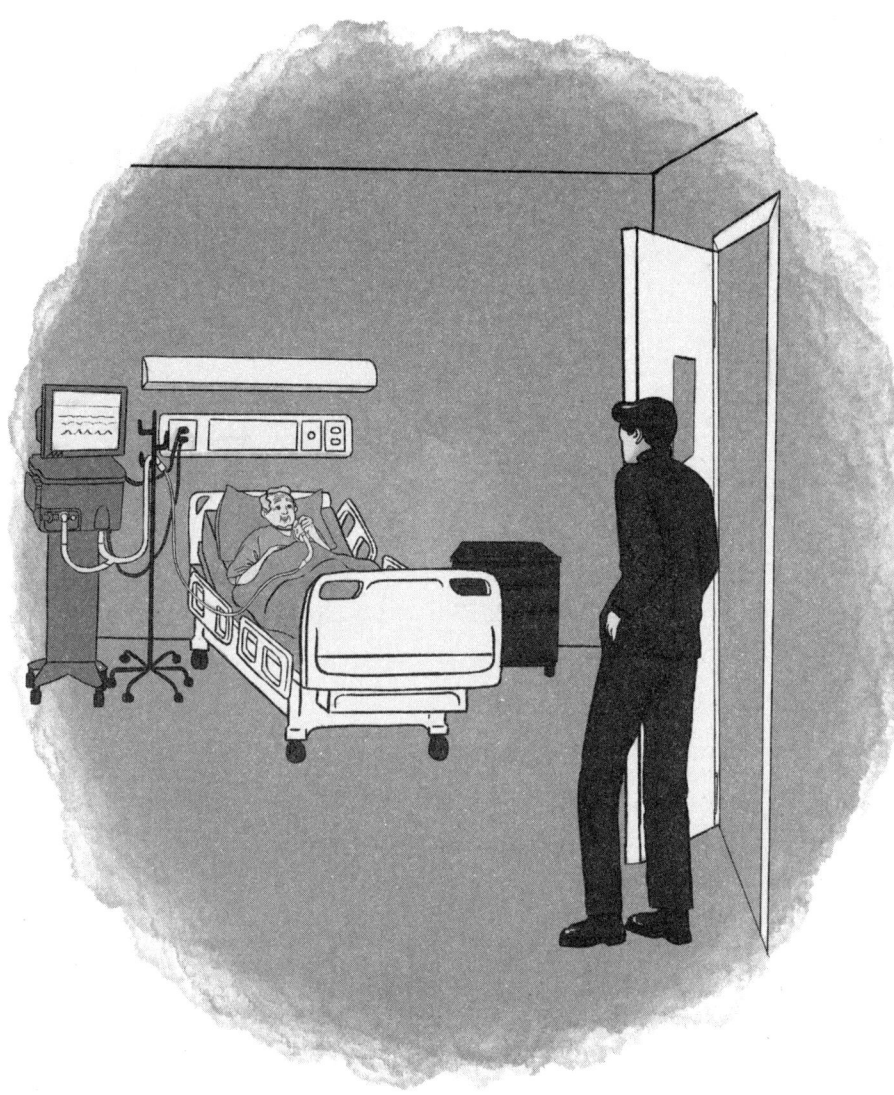

Odadan çıkar çıkmaz hemşireyi tekrar buldum ve Emre amca hakkında birkaç şey öğrendim. Kimsesi yokmuş, geleni yokmuş, soranı yokmuş.

Bu ağrıma gittiği için hemşireye telefonumu bıraktım. Eğer ki bir yardıma ihtiyaç olursa, Emre amca için yapmam gereken ne olursa arayabilirsiniz diyerek.

Derdim vardı, evet. O an bunu nasıl düşündün diyorsun, farkındayım ama şunu bil ki kendi derdinin dermanını ararken başka bir derde sırt çeviremezsin! Ki o sana derman olmaya çalışmışken. İyi insanlarla kötü insanları ayıran yegâne unsurlardan biri de bence budur!

İnsanız, düşmez kalkmaz bir Allah. Ben inanıyorum, ne yaparsam yapayım bana geri dönecek!

Neyse...

Yola devam ettim. Hemşireden sonra, elimde olan bilgilere göz geçirdim ve sanki işim biraz kolaylaşmıştı. Eğer şansım yaver giderse, bu isim ve soy isim ile bir şeylere ulaşabilirdim.

Arabama doğru koşar adım ilerledim. Elim birbirine girmiş gibi hissediyordum ama iyiydim, çok iyi.

Arabaya oturur oturmaz telefonu açtım. Aramalarda TUĞRA Ü.'yü arıyordum. Aradığım kişi otuzlu yaşlarda. Profillere tek tek bakıyordum ama sosyal medyada düşündüğümden daha fazla TUĞRA Ü. çıkmıştı. Yaşadığı şehir, yaptığı iş; hiçbir bilgim yoktu. Fotoğraflara bakmaya başladım. Belki Hasret Kurtuluş'a benzeyen bir profil bulabilirdim ama hayat Hasret'i öyle bir yoğurmuştu ki simasının çok değiştiğine emindim. İki saate yakın arabada oturdum. İnternette arama yaptım fakat hiçbir şeye yaklaşamadım. Ya bulamazsam... Yurttaki adamın söyledikleri beynimde yankılansa da onu bir anda yeniverdim! Umutsuzluk yoktu, yok! Arabamı sürmeye başladım, eve doğru çıktım yola. Yola çıktım ama beynimde durmadan düşünceler dönüyordu. Belki de polis kayıtlarından bir şeyler çıkarabilirdi. Yetkili bir komiser yardım etse çoğu şeye yaklaşabilirdim belki derken aklıma rahmetli babamın çok yakın arkadaşlarından eski savcı olan Burak amcam geldi. Bana yardım edebilirdi. Eve gidip iletişim için babamın notlarından numarasını bulmam gerekiyordu.

Eve geldiğimde, arabayı direkt bahçenin girişine bırakıp merdivenlerden eve çıktım. Kapıyı yardımcı açtı, annemi sordum. Annemin ilaçlarını aldığını ve uyuduğunu belirtti. Ben de direkt babamın çalışma odasına gittim. Eski not defterlerinden Burak amcaya ulaşmamı sağlayacak bir bilgi aramaya başladım. Odada öyle hummalı, öyle heyecanlı bir arayıştaydım ki iki üç saat geçtiğini bile anlamamıştım. Nefessiz kalan odada terden ölmüş gibiydim ama yine de saatler süren arama sonucunda hiçbir şey elde edemedim...

Günler böyle geçiyordu dostum. Ne Burak amcaya ulaşabildim ne de profillerden çıkan kişilere attığım mesajlardan bir dönüş alabildim. Gün günü kovalarken, beynim yangın yeriyken sağlıklı da düşünemiyordum. Üç dört gün geçmesine rağmen, isim ve soy ismi bulmama rağmen ilerleyemiyordum. Bir şey eksikti ama neydi? Bu soruya o kadar alışkındım ki aslında. Ve bu sorunun cevabını ben asla bulamamıştım. Yine karşıma çıkmıştı. Bir şey eksikti ama neydi!

En sonunda evde eşyalar arasında telefon rehberi buldum ve Burak amcaya ulaştım. Tüm bilgileri verdim. O da, benim hiçbir şey yapmadan beklemem ve sakin olmam gerektiğini, elinden geleni yapacağını, sonucu alır almaz bana döneceğini söyledi.

Ben de o arada Hasret Kurtuluş'u ziyarete gittim dostum.

Beni gördüğünde çok sevindi ama bu sefer yüz yüze değildik. Yani yüz yüzeydik de, aramızda kocaman tel örgü ve camlar vardı. Telefonla konuşuyorduk yüz yüze bakarken.

Aslında elimde hiçbir şey yoktu yakınlaşma adına. Umut verir gibi konuşmak da istemiyordum ama bilmesi gerekiyordu onun için elimden geleni yaptığımı...

"Merhaba."

"Hoş geldin psikolog. Hoş gelmişsindir inşallah çünkü ben sözümdeyim."

"Geldim sayılır, nasılsın?"

"İyiyim iyi. Beladan uzak, umut dolu!"

"Sevindim. Güzel haberler vermek isterdim ama şu an şöyle ki," derken o anda tamamen suratı düştü dostum, tamamen ve böldü konuşmamı.

"Kötü bir şey söyleme. Yalan söyle bana ama kötü bir şey söyleme. Ne olur, kötü söyleme!" dedi başını yana eğerek.

"Yok yok, kötü bir şey zaten yok. Hastanede evlatlık verilirken isim ve soy isim değiştirilmiş. İsme ve soy isme ulaştım. Arayıştayım şu an. Hatta eski savcılardan bir amcam da arama yapıyor şu an."

"Yaklaştın mı yani, nedir? Onu söylesene psikolog."

"Yani, yaklaştım sayılır aslında. İsim ve soy ismindeki kişiler araştırılıyor."

"Ya bulunmazsa psikolog, o zaman ne olacak?"

"Bulunacak inşallah, ümitsizliğe yer yok. Unutma, ne demiştik? Umuda giden yolda umutsuzluk yok!"

"Psikolog, ben sözümdeyim! Beladan uzak duruyorum. O gün duamı ettim. Yattım, kalktım. Kalktığımda yeni bir hayata başladım. Bana kötü haber getirme lütfen. Yalan getir ama kötü haber getirme."

"Yalan da getirmeyeceğim, kötü haber de getirmeyeceğim. Bu işin sonu güzel bitecek. Ben eminim".

"Ben de emin olmak isterdim fakat çaremi ellerine bıraktım. Biliyor musun psikolog? Galiba ben ilk defa yaşıyorum, ilk defa nefes aldığımı hissediyorum."

"Çok sevindim buna. Güzel günler yakın, sabır. Beklemedeyiz hep beraber."

"İnşallah be psikolog. Böyle ziyarete gelip gelişmelerden haber verir misin?"

"Tabii, ama senden bir şey daha rica edeceğim Hasret Hanım."

"Tabii ki. Sen benim için uğraşırken benden ne istersen iste."

"Ayna var mı hapishanede?"

"Evet, var. Kimse bakmayı çok sevmese de köşede durur."

"Aynaya bakıp kendine şunları söylemeni istiyorum; ben hayatta kalabilenim, başarabilirim, dayanabilirim, koşullar ne olursa olsun atlatabilirim çünkü UMUT İÇİN BUNA MECBURUM!"

"Anlaştık psikolog. Tek tek hepsini yapacağım, hepsini yüzüme vuracağım!"

"Bu arada Hasret Hanım, ayrıca senin doğum yaptığın esnadaki başhekime ulaştım. O da yardımcı oldu, çok sağ olsun. Seni de hatırlıyor."

"Vallahi ben o günlere dair hiçbir şey hatırlamıyorum fakat yardımcı olduysa sağ olsun inşallah."

"Hasta o da. Hastanede yatıyor".

"Benim adıma bir çiçek yollar mısın psikolog? Teşekkür babında."

"Merhaba."

"Hoş geldin psikolog. Hoş gelmişsindir inşallah çünkü ben sözümdeyim."

"Geldim sayılır, nasılsın?"

"İyiyim iyi. Beladan uzak, umut dolu!"

"Sevindim. Güzel haberler vermek isterdim ama şu an şöyle ki," derken o anda tamamen suratı düştü dostum, tamamen ve böldü konuşmamı.

"Kötü bir şey söyleme. Yalan söyle bana ama kötü bir şey söyleme. Ne olur, kötü söyleme!" dedi başını yana eğerek.

"Yok yok, kötü bir şey zaten yok. Hastanede evlatlık verilirken isim ve soy isim değiştirilmiş. İsme ve soy isme ulaştım. Arayıştayım şu an. Hatta eski savcılardan bir amcam da arama yapıyor şu an."

"Yaklaştın mı yani, nedir? Onu söylesene psikolog."

"Yani, yaklaştım sayılır aslında. İsim ve soy ismindeki kişiler araştırılıyor."

"Ya bulunmazsa psikolog, o zaman ne olacak?"

"Bulunacak inşallah, ümitsizliğe yer yok. Unutma, ne demiştik? Umuda giden yolda umutsuzluk yok!"

"Psikolog, ben sözümdeyim! Beladan uzak duruyorum. O gün duamı ettim. Yattım, kalktım. Kalktığımda yeni bir hayata başladım. Bana kötü haber getirme lütfen. Yalan getir ama kötü haber getirme."

"Yalan da getirmeyeceğim, kötü haber de getirmeyeceğim. Bu işin sonu güzel bitecek. Ben eminim".

"Ben de emin olmak isterdim fakat çaremi ellerine bıraktım. Biliyor musun psikolog? Galiba ben ilk defa yaşıyorum, ilk defa nefes aldığımı hissediyorum."

"Çok sevindim buna. Güzel günler yakın, sabır. Beklemedeyiz hep beraber.

"İnşallah be psikolog. Böyle ziyarete gelip gelişmelerden haber verir misin?"

"Tabii, ama senden bir şey daha rica edeceğim Hasret Hanım."

"Tabii ki. Sen benim için uğraşırken benden ne istersen iste."

"Ayna var mı hapishanede?"

"Evet, var. Kimse bakmayı çok sevmese de köşede durur."

"Aynaya bakıp kendine şunları söylemeni istiyorum; ben hayatta kalabilenim, başarabilirim, dayanabilirim, koşullar ne olursa olsun atlatabilirim çünkü UMUT İÇİN BUNA MECBURUM!"

"Anlaştık psikolog. Tek tek hepsini yapacağım, hepsini yüzüme vuracağım!"

"Bu arada Hasret Hanım, ayrıca senin doğum yaptığın esnadaki başhekime ulaştım. O da yardımcı oldu, çok sağ olsun. Seni de hatırlıyor."

"Vallahi ben o günlere dair hiçbir şey hatırlamıyorum fakat yardımcı olduysa sağ olsun inşallah."

"Hasta o da. Hastanede yatıyor".

"Benim adıma bir çiçek yollar mısın psikolog? Teşekkür babında."

şansım yaver giderse, bu isim ve soy isim ile bir şeylere ulaşabilirdim.

Arabama doğru koşar adım ilerledim. Elim birbirine girmiş gibi hissediyordum ama iyiydim, çok iyi.

Arabaya oturur oturmaz telefonu açtım. Aramalarda TUĞRA Ü.'yü arıyordum. Aradığım kişi otuzlu yaşlarda. Profillere tek tek bakıyordum ama sosyal medyada düşündüğümden daha fazla TUĞRA Ü. çıkmıştı. Yaşadığı şehir, yaptığı iş; hiçbir bilgim yoktu. Fotoğraflara bakmaya başladım. Belki Hasret Kurtuluş'a benzeyen bir profil bulabilirdim ama hayat Hasret'i öyle bir yoğurmuştu ki simasının çok değiştiğine emindim. İki saate yakın arabada oturdum. İnternette arama yaptım fakat hiçbir şeye yaklaşamadım. Ya bulamazsam... Yurttaki adamın söyledikleri beynimde yankılansa da onu bir anda yeniverdim! Umutsuzluk yoktu, yok! Arabamı sürmeye başladım, eve doğru çıktım yola. Yola çıktım ama beynimde durmadan düşünceler dönüyordu. Belki de polis kayıtlarından bir şeyler çıkarabilirdi. Yetkili bir komiser yardım etse çoğu şeye yaklaşabilirdim belki derken aklıma rahmetli babamın çok yakın arkadaşlarından eski savcı olan Burak amcam geldi. Bana yardım edebilirdi. Eve gidip iletişim için babamın notlarından numarasını bulmam gerekiyordu.

Eve geldiğimde, arabayı direkt bahçenin girişine bırakıp merdivenlerden eve çıktım. Kapıyı yardımcı açtı, annemi sordum. Annemin ilaçlarını aldığını ve uyuduğunu belirtti. Ben de direkt babamın çalışma odasına gittim. Eski not defterlerinden Burak amcaya ulaşmamı sağlayacak bir bilgi aramaya başladım. Odada öyle hummalı, öyle heyecanlı bir arayıştaydım ki iki üç saat geçtiğini bile anlamamıştım. Nefessiz kalan odada terden ölmüş gibiydim ama yine de saatler süren arama sonucunda hiçbir şey elde edemedim...

Günler böyle geçiyordu dostum. Ne Burak amcaya ulaşabildim ne de profillerden çıkan kişilere attığım mesajlardan bir dönüş alabildim. Gün günü kovalarken, beynim yangın yeriyken sağlıklı da düşünemiyordum. Üç dört gün geçmesine rağmen, isim ve soy ismi bulmama rağmen ilerleyemiyordum. Bir şey eksikti ama neydi? Bu soruya o kadar alışkındım ki aslında. Ve bu sorunun cevabını ben asla bulamamıştım. Yine karşıma çıkmıştı. Bir şey eksikti ama neydi!

En sonunda evde eşyalar arasında telefon rehberi buldum ve Burak amcaya ulaştım. Tüm bilgileri verdim. O da, benim hiçbir şey yapmadan beklemem ve sakin olmam gerektiğini, elinden geleni yapacağını, sonucu alır almaz bana döneceğini söyledi.

Ben de o arada Hasret Kurtuluş'u ziyarete gittim dostum.

Beni gördüğünde çok sevindi ama bu sefer yüz yüze değildik. Yani yüz yüzeydik de, aramızda kocaman tel örgü ve camlar vardı. Telefonla konuşuyorduk yüz yüze bakarken.

Aslında elimde hiçbir şey yoktu yakınlaşma adına. Umut verir gibi konuşmak da istemiyordum ama bilmesi gerekiyordu onun için elimden geleni yaptığımı...

Ve yola düşüyor. Çok uzun bir yol. Develerle, atlarla yolda çok badire atlatıyor. Hırsızlar, yol kesiciler derken en sonunda ulaşıyor Hindistan'a...

Büyülü Hindistan, baharat kokuları, güzel kumaşlar, insanlar, renk cümbüşü hayal dünyası gibi bir Hindistan. Çarşıda pazarda dolaşıyor. Ticaret yapacağı malların en güzellerini seçiyor. Bütün yüklerini yüklüyor kervanına. Bütün işini bitiriyor ve ondan sonra kendine sipariş edilen hediyeleri tek tek arıyor ve buluyor.

Son anda papağan aklına geliyor. Ya diyor, benden bir ricada bulunmuştu, ben de söz vermiştim kendisine. Hemen ahaliye soruyor, buradaki papağanlar nerede yaşar.

Onlar da hemen tarif ediyorlar. Şuradaki ormanda yaşarlar. Şuradan git, buradan git, orada göreceksin ormanı diyorlar.

Bütün işleri bitiyor ve ormana doğru yola koyuluyor. Ormana gitmesi de bir iki gün sürüyor. Neticede, mükemmel bir ormana denk geliyor. Ormana girdiğinde yüzlerce papağana denk geliyor.

Oooo diyor, bizim papağanın akrabaları herhâlde bunlar. Biraz, papağanlara ses etmeden izlemeye başlıyor. Hepsi renk cümbüşü içinde. Eşleriyle birlikte gagalarını birbirlerine vuruyorlar, meyvelerden yiyorlar. Durup kendi kendine diyor ki, benim papağan kıskanmakta haklı, akrabaları burada özgürken benimki kafeste yaşıyor...

Papağanlara sesleniyor, 'Size bir mesajım var. Benim bir papağanım var, memlekette kendisi. Size şöyle bir mesaj iletmemi istedi. Dedi ki: Ben kafesin içinde böyle yaşarken, hürriyetimden yoksun olarak, benim oradaki akrabalarım eşleriyle renk cümbüşü içerisinde, o güzel ormanda, meyveliklerin içerisinde yaşamaları reva mıdır?' derken ön sırada duran papağanlardan birisi titremeye başlıyor ve dalından düşüp pat yere...

Tüccar gidip bakıyor ki gerçekten ölmüş. 'Aman Allah'ım, ben bunun ölümüne sebep oldum. Demek ki benim papağanımın en yakın akrabası bu. Kafes içerisinde yaşamasından çok üzüntü duydu, şok geçirdi ve düştü öldü. Ben buna vesile oldum. Hiç aklı olmayan bir adam mıyım, papağanımın aklına uydum.' diye dövünürken iş işten geçiyor, papağan ölüyor...

Bin pişman hâlde memleketine geri dönüyor. Günler haftalar süren yolculuktan sonra Bağdat'a varıyor. Kendi tüccarlığından dolayı satacağı mallarını indiriyor ve evine gidiyor. Eşinin, evlatlarının hediyelerini dağıtıyor. O arada papağan kafeste ne olacağını merakla beklerken herkes sevinç içerisinde öpüşüyorlar, sarılıyorlar. Hediyelerine bakarken papağan bir anda bağırmaya başlıyor,

'Benim sana söylediğimi yaptın mı, akrabalarımı buldun mu?'

Tüccar bir anda sinirlenip papağanın yanına gidiyor ve, 'Keşke senin dediğini kabul etmeseydim de keşke gidip an-

"İkimiz adına gönderirim. Aklımda zaten."

"Teşekkürler psikolog. Elinden geleni yaptığına eminim. Kendini hiç sıkıntıya sokma ama şunu bil ki yalana razıyım, kötüye değilim."

"Rica ederim. Tamamdır. Merak etme, gerçekten bak." derken görüşme bitti diye gardiyan geldi.

"Görüşürüz." dedi telefonu kapattı. El salladı bana o camın, tellerin arkasında kalmış ve çoktan devrilmiş çınar.

Çıktım oradan. Hemen çiçekçinin yolunu tuttum ve güler yüzlü Emre amcama Hasret ve benim adıma kocaman, güzel bir papatya yolladım... Papatya umuttur, değil mi dostum? Seviyor sevmiyor yaparak canını alırız o papatyanın ama yine de bize umut verir... Can alırken umut almak ne kadar yanlış!

Günler böyle geçti gitti dostum. Ben telefon başında Burak amcamdan haber beklerken evde araştırmalar yapmaya devam ediyordum. Ne iş ne güç, hiçbir şey umurumda değildi. Sadece o devrilmiş çınarın oğlunu bulma odaklı yaşıyordum fakat hiçbir şeye ulaşamıyordum. Başta ne güzeldi, değil mi? Her şey yolunda gibiydi ama yolunda gitmiyormuş. Bana sadece yem veren kader, saklaması gerekeni çok güzel saklıyordu benden.

Ben ki hasret, umutsuzluk yok derken umutsuzluğa kapılmış gibiydim. Ruhumu saran simsiyah sarmaşıkları artık benimsemiş ve kabullenişe yaklaşmıştım. Uzaklaştığım şey ise bulma umudu. UMUT'U bulma umudum kalmıyordu. Allah'tan ümit kesilmez ama insan kapılıyor işte, karanlıklarda ışıksız kalınca o karanlığın pis yüzüne kapılıyor…

Kendi kendime konuşmaya alışkın olduğum için aynaya baktım ve sohbete başladım:

Evet Efe, bazen iyi insanların başına korkunç şeyler

gelebilir ve bu, kalp kırıcı olabilir. Nedeni ne diye sorma, nedeni basit. Çünkü hayat adil değildir.

Karanlık bir günde hissedebilirsin kendini ama sorun bu değildir, sorun o karanlığı kabul etmektir.

Sıkıntılar biz insanlar için. Yolunda sorunlar çıkacak tabii ki ama sorunlar içinde kendini kaybedersen başaramazsın, ilerleyemezsin. Peki Efe, sana bir soru: Duracak mısın şu anda? Tam da şu anda durmayı mı düşünüyorsun? Ya kırılma noktası bu ise? Düşünmelisin. Düştüğün zaman umutsuzluk yoluna, düşünmek için vaktin var demektir! Düştüğünde eğer kalkmazsan, yoluna devam etmezsen darmadağın olacaksın, bunu düşün. Ya Hasret ne olacak? Söz vermiştin, unuttun mu? Ya kendine sözün ne olacak?

Hatırlasana *Nasip Niyete Vurgundur* romanını Efe. Nasıl da niyetiyle nasibini bulmuştu, hiç vazgeçmemişti!

Cesaretlen ve adım at!

Dedim ve kendime geldim dostum. Çevir sayfayı, devam et. Hikâye yeni başlıyor.

Kalktım, bir cesaretle çıktım odadan. Saat 13.30 gibi bir şeydi. Annemin de yeni kalktığını düşündüm. Tam salonun orada, ayakta yakaladım annemi.

"Günaydın prensesim…"

Beni ilk gördüğünde tanıyamamıştı. Son bir iki aydır bu çok olmaya başlamıştı. Bazen hiç mi hiç tanımıyordu, dışlıyordu. Bu, çok ağır gelen bir sınavdı ama olsun, iyiydi. Aklı gidiyordu ama iyiydi çok şükür. Allah elden ayaktan düşürmesin demekle avunuyordum.

Cevap vermeyip yüzüme baktıktan beş dakika sonra falan, "Günaydın mı kaldı oğlum?"

Ah be dostum, annen sana oğlum dediğinde sevinmeyi bilemezsin. Yüzüm gülmüştü, tüm düşüncelerden sıyrılıp. Demek ki düne göre ya da eskiye göre hafızası daha iyiydi bugün, beni hatırlamıştı. Omuzlarından sarkan tül şalını başına doğru götürdüğü sırada yanına oturdum ve erimeye başlayan eklemleri yüzünden zayıf gözüken gövdesine kocaman bir sarıldım.

"Bırak beni, eşek sıpası."

"Annem benim, seni bırakır mıyım hiç?"

"Neden, evlenmeyecek misin? O zaman bırakırsın"

"Asla annem, asla!"

Meraklı gözlerle yanaştı.

"Sor hadi soracağını."

"Doğru söyle, evleniyor musun?"

"Hayır anne, senden daha güzelini henüz bulamadım."

"Babana da söyle oğlum bunu, olur mu? Sahi, baban nerede? Geç kaldı yine bu adam!"

Babam öleli altı sene olmuştu ama işte böyle, bak, bu duruma üzülemiyorsun bile. Biliyor musun, anlayacak diye karşında hemen değiştiriyorsun konuyu. Onun düşüncesine göre hareket etmek zorundasın!

"Babam Burak amcayla beraber anneciğim," dedim "Savcı olan var ya hani."

"Geç mi gelecekmiş yine?"

"Bilmem. Öğrenmek için Burak amcayı ararım anneciğim."

"Yatırsana oğlum beni biraz..."

"Tamam prensesim, gel yatırayım. Hatta anacığıma sarılıp beraber yatayım."

Sanki bir anda tüm gücü bitmiş gibi gövdesini kanepenin sırtına yaslayınca boynunu çarpacak diye korktum. Bir an elimi uzattım, hafifçe destek oldum...

Narin bedenine sarılırken bile korkuyordum. Annene sarılırken korkmak acı ama daha acısı annene sarılamamak, şükür.

Annemin tam yanı başında sessizliğe bürünmüş, hayatın tam da ortasında başladım anlatmaya. Nasıl olsa hiçbir şeyi duymayacak, duysa bile anlamayacak, anlasa bile hatırlamayacaktı. Masal gibi gelecekti ona belki ama başladım anlatmaya. Hasret Kurtuluş'un bana seans esnasında anlattığı ne varsa, içimde kalan cam parçalarından dolayı kanayan damlaları başladım savurmaya. Hafifliyor gibi hissediyordum. Annemse bazı şeylere tepki verir gibi gözlerini bir açıyor, bir kapatıyor. Mırıldanıyor gibiydi, iyi bir dinleyiciydi.

"Tuğra mı?"

Gülümsedim. Sanki mantıklı bir cevap alabilecek gibi açıklamaya devam ettim anneme, "Evet anne, Tuğra Ü. Eski Başhekim Emre amca bana bu ismi verdi."

"E bu bizim eski çalışanımızın oğlu."

"Eski çalışan mı?" diye sordum ama annemi ciddiye almamam gerektiğini biliyordum. Ütopya düşüncelere girmişti yine ama olsun, dinlemeliydim sonuna kadar.

"Evet oğlum. Sen hatırlamazsın, çok küçüktün sen. Yirmi sene bizim için çalıştılar karı koca. Onların çocuğunun adı da Tuğra'ydı işte. Soy ismi de aynı."

"Anne sen ciddi misin?" dediğim anda tüm çehrem değişmişti. Meraklı bir hâle büründüm. Gerçekten ciddi miydi!

"Sen küçükken gittiler zaten."

"Neden gittiler anne? Nereye gittiler? Gerçekten adı Tuğra mıydı? Çocuk evlatlık mıydı? Hasta mıydı? Anne hatırlıyor musun, bir şey söylesene!

"Benim karnım açıktı oğlum!"

"Anne, Allah aşkına cevaplar mısın?"

"Neyi ya, ne cevaplaması? Karnım aç diyorum."

Hemen annemin bakımını yapan canımız ciğerimiz Fatma ablaya seslendim. Anneme yemek hazırlaması gerektiğini söyledim ve annemi Fatma ablaya teslim edip çıktım.

Ama donmuş bir hâlim vardı. Şoka uğramış gibiydim fakat annemim hastalığından dolayı hafızasında yazdığı senaryo ve birleştirdiği anılara güvenemezdim!

Sonuçta televizyonda izlediği bir diziyi gerçek bir anıymış gibi bana anlatıyordu ya da beni babam sanıyor, Fatma ablayı annesi sanıyordu. Asla güvenemezdim! Kader yine bana yapıyordu yapacağını. Beynim zaten sağlıklı değil, yine düşüncelere giriyordum ama sildim geçtim. O an anladım ki yine düşüncelere gireceğim, hemen kaçtım o konuşmanın içeriğinden.

Babamın odasına çıktım tekrar. Telefonum çalmıyordu. Yeter artık diyerek, bir şeyler yapmalıyım diyerek Burak amcayı tekrar aradım.

"Efendim."

"Burak amca, nasılsın?"

"İyiyim Efe'ciğim, sen nasılsın?"

"Ben de iyiyim, teşekkür ederim"

"Gelişmeleri merak ediyorsun, biliyorum ama inan elimizden geleni yapıyoruz. Dört koldan bir saldırıyoruz bilgilere ulaşmak için. Az kaldı, sabretmelisin. Ölü ya da diri, onu bulacağız."

"Tamam Burak amca, merak ettiğim için aradım. Rahatsız ettim, kusura bakma."

"Asla, o nasıl laf? Babanın oğlusun sen. Sabırsızsındır, bilirim. Baban da böyleydi ama bu iş için biraz daha sabır gerekli. Benden telefon bekle."

Burak amcadan da telefon beklemekten başka çarem yok gibi gözüküyordu şu an. Ne kadar yakının olursa olsun, çareni başka bir ele bıraktıysan ben gibi, beklemek zorundasın!

1 hafta sonra

Bir görüş daha geçmişti. Hasret Kurtuluş'a "Çok yaklaştık"tan başka hiçbir şey diyememiştim. Bu diyalogları, ziyareti sana anlatmadım çünkü anlatacak hiçbir şey yok. Geçiştirdim sürekli. Cevaplardan anlayacak olacak ki yine en son sözü, "Yalan getir, kötü getirme." olmuştu Hasret'in!

Kilo veriyordum, göz göre göre eriyordum. Benim derdim değildi belki ama benimsemiştim bu derdi. İşe yarayacaktım, hayatta ilk defa işe yarayacaktım.

Artık düşüncem Burak amcanın telefonda dediği gibi. Ölü ya da diri, onu bulacaktım.

Burak amcanın arayışıyla başladı serüven zaten.

"Efe, nasılsın evlat?"

"İyiyim Burak amca, teşekkürler. Sen?"

"Ben iyiyim de sana bir şey soracağım. Sonuca yaklaştık yaklaşmasına, hatta şöyle söyleyeyim, aradığın kişi yaşıyor."

Adres bekliyorum sadece artık ama soracağım bir şey var sana."

"Tabii Burak amca."

"Sen bu adamı birine yardım için arıyorum demiştin. Doğru, değil mi?"

"Evet, doğru. Neden ki?"

"Şimdi şöyle ki, bulduğumuz kişide bir gariplik var."

"Nasıl yani, ne garipliği?"

"Yani senin bana verdiğin isim Tuğra Ü., evlatlık alınan, hastalanan…"

"Evet, evet. Doğru."

"Bu çocuğun annesi ve babası sizin evinizde yani babanın şirketine bağlı yirmi sene çalışmış evladım."

"Nasıl yani ya? Annem doğru mu…"

"Yani şöyle ki; sigorta girişleri, hastane kontrolleri hatta yeni aldıkları evi bile baban almış fakat satmışlar evi sonrasında. Şimdi adres bekliyorum işte."

"Annem doğru söylüyormuş."

"Nasıl yani, annem derken?"

"Annem bana yirmi sene yanımızda çalıştılar demişti ama ben hastalığından dolayı senaryo kuruyor sanmıştım Burak amca."

"Hayır, doğru gerçekten. Yanınızda çalışmışlar. Hatta çocuk üç dört yaşındayken ayrılmışlar sizden. Fakat şöyle bir gerçek de var, bu çocuk bahsettiğin gibi hastalıklı veya evlatlık değil herhâlde. Hiçbir kayıt yok buna dair. Ayrıca senin dediğin yaşlar 30-31-32 civarı demiştin ama bu bulduğumuz kişi 27 yaşında."

"Nasıl yani, nasıl yok? İsim ve soy isim tutuyor. Yaşı değişmiş olabilir mi acaba? Küçük gösterilmiştir. Bilmiyorum ki. Şu an hiçbir şey anlamadım."

"Vallahi hiçbir kayıt yok ama ben hastane kayıtlarına da baktırıyorum, doğuma dair. Fakat o zamana dair hiçbir belge, hiçbir arşiv olmadığı söyleniyor. Yaşını da teyit edemiyoruz ama gözüken bu."

"Ben tekrar hastaneye gidip eski başhekimden bilgi almaya çalışayım o zaman."

"Evet evet. Öyle daha sağlıklı olur."

"Peki neden ayrıldıklarına dair bilgi var mı Burak amca?"

"Hayır ya, normal tazminatını almış ve çıkmış. Sigorta girişleri, PTT ödemesi, hepsini kontrol ettirdim. Hiçbir sorun yok. Dava ya da başka bir şey de yok."

"Anladım. Peki, ne zaman gelir adres?"

"Bugün gelir diye bekliyorum. Ben sandım ki aileyle ilgili bana söylemediğin bir şey oldu."

"Hayır Burak amca. Sadece tesadüf."

"Tesadüf yoktur evlat, kader, kader. Sen yardım etmek istedin. Yardım edeceğin şey de burnunun dibindeymiş. Hadi rast gitsin de inşallah bulasın, çözesin."

"İnşallah ama ben şu an şoktayım. Kader beni nereye götürüyor bilmiyorum. İçim koskocaman uzay boşluğu."

"Bu, normal evlat. Kötü bir şey yok yani. Sizin şirketinize bağlı o kadar çok çalışan vardı ki zamanında baban, mekânı cennet olsun, yardım etmeyi çok severdi. Koskocaman bir şehir değil burası. Paylaştıkça çoğalan, çoğaldıkça tanınan bir çevreniz var sizin. Babanın sayesinde. O yüzden ben çok şaşırmadım, olabilir."

"Tamam, teşekkür ederim Burak amca. Ben senden bilgi bekliyorum." dedim ve kapattım...

Bu duygu kâğıda yazılarak nasıl anlatılır, bilmiyorum dostum ama o an yaklaştığımı hissetmekten ziyade beynim yoktu yani, yok! Ben o an yoktum! Yok olmuştum.

Kader beni nereye sürüklüyor böyle? Hoş, Burak amca haklıydı. Çalışan sayımız çok fazlaydı. Babamın çevresi çok fazlaydı. Yardımlaştığı insan sayısı çok fazlaydı. Olabilir miydi, olabilirdi.

Oradan direkt çıktım. Düşüncesizliğe kapılmış, bomboş bir beyinle Emre amcanın yolunu tuttum. Emre amcaya çiçek göndermiştim. Yüzünün gülüşünü bir kez daha göreceğime mutluydum fakat aradığım sorunun cevabı daha mühimdi şu an. Düşünüyorum da dostum, soru sordukça başka bir soru ile karşılaşıyordum ve her soru diğer sorudan daha zordu!

Kaderin bilmecesi zordur,
Bu bilmecede her sorunun cevabı yeni bir soru doğurur.

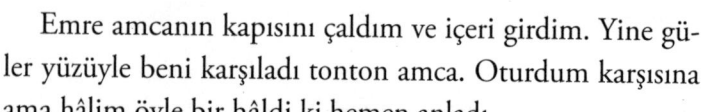

Emre amcanın kapısını çaldım ve içeri girdim. Yine güler yüzüyle beni karşıladı tonton amca. Oturdum karşısına ama hâlim öyle bir hâldi ki hemen anladı.

"Hoş geldin. Hoş geldin de evlat, iyi misin?"

"İyiyim Emre amca ama öğrenmem gereken şeyler var."

"Ne oldu, hayırdır? Ulaşabildin mi istediğin kişiye?"

"Hayır, yani evet ama daha tam değil. Tutmayan şeyler var."

"Elimden ne gelirse, hatırlamaya çalıştığım kadarıyla sorularına cevap veririm."

"Şimdi şöyle; isim ve soy ismi doğru. Kişiye ulaştık sayılır ama doğum tarihi ve hasta kayıtları ya da evlatlık kayıtlarına dair hiçbir şeye ulaşamıyoruz."

"Yani doğum tarihi senin dediğin tarih işte. Diyelim ki karıştırıyorum, fakat bu karıştırılacak bir olay değil. Annesini dahi hatırlıyorum sana dediğim gibi."

"Evet ama yaş tutmuyor. Kayıtlarda yaşı 27. Bizim dediğimiz tarihle, nereden baksak, dört yıl oynuyor. Emre amca, ben bu işin içinden çıkamadım. Bulduğumuz kişinin hiçbir hastane kaydı yok. Hastalığa ve evlatlığa dair devlette hiçbir kaydı yok."

"Anladım evlat. Fakat sana yemin ederim, bu bilgilerden başka bir şey bilmiyorum, hatırlamıyorum. Dediğim gibi, yüzde yüz, o kişinin o isimli olduğuna eminim."

"Tamam Emre amcam. Rahatsız ettim, özür dilerim. Böyle bir heyecan, böyle bir stresle gelip soruya boğduğum için."

"Olur mu, hiç problem değil. Bulman için keşke elimden gelenden fazlasını yapabilsem."

"Çok şey yaptın. Bu bilgiler olmasa hiç ilerleyemezdim. Allah büyük."

"Hadi bakalım. Gidiyor musun hemen? Bir bardak kahve iç de kendine gel."

"Evet. Bir bardak su da içmeliyim, çok terledim Emre amca."

"Bak, şurada su var. Isıtıcıya koy hemen. Bir kahve yap kendine, bir bardak su da al. Bir sakin ol evlat. Böyle telaşla iş yürümez."

Bir kahve molası dostum. Sen de kendine bir kahve, bir bardak su al ve devam edelim...

Unutma ki su hayattır.

Hastaneden çıkar çıkmaz Burak amcayı aradım.

"Burak amca, merhaba. Ben hastaneye gelip görüştüm. Ama bilgiler, aldığım bilgilerle aynı. Hiçbir şey değişmedi. Ve buradaki eski başhekim kesinlikle emin o olduğuna."

"Anlamadım vallahi Efe ben bu işten bir şey daha. Yeni, tekrar aradım adresi almak için. Adresi bekliyorum. Adres gelsin, beraber gidelim istersen ya da sen git. Nasıl dersen, bu iş orada çözülecek gibi."

"Evet evet Burak amca. Ben adresi alır almaz yola çıkarım. Sen zahmet etme."

"Tamamdır. Zahmet değil de, yardıma ihtiyacın varsa gelebilirim."

"Yok yok, sorun yok. Tek gider, çözerim."

"Tamamdır." deyip telefonu kapattık dostum. Beş dakika sonra arabaya binmiş, yola çıkmışken benim tekrar telefonum çaldı.

"Efe, adres geldi. Telefonuna mesaj olarak attım."

"Süper, çok sevindim. Bakıyorum hemen."

"Tamam. Gelmemi istersen bak..."

"Yok yok Burak amca, ben çözerim."

"Tamam, dikkat et."

"Eyvallah. Seni arayacağım Burak amca."

Adrese baktım dostum. 100 ila 120 km'lik bir mesafe vardı aramızda. Şehrin dışında bir köy adresiydi.

Köy adresi ve baba adı almıştım. Tuğra'nın ismi de vardı. Hadi hayırlısı deyip baş koydum yola. İzlediğim filmlerde öyle yollar olurdu. Boş, sakin ve sonu gelmez. Öyle bir yoldu bu yol. Ve o yolda ilerleyen karakterler olur. Nereye gideceğini bilmeyen, bir otelde durup kalan ve kaldığı yerde kalan. Aynen öyle hissediyordum. Amacım vardı ama amaçsız gibiydim dostum. İnanır mısın, hayatım boyunca beni yoklayan, beni benden eden ataklarımdan eser kalmamıştı şu iki üç haftada. Kader beni nerelere sürüklüyordu bilmiyordum ama iyiydim, iyi. Sanki Hasret'e derman olacağım derken bütün sıkıntılarımdan kurtulmuştum. O seans bana yaramıştı.

Köye vardığımda, böyle köy gibi bir yer beklerken daha modern bir yere geldiğimi fark ettim. Saat de geç olmuştu. Yollar dar olduğu için normalde bir bir buçuk saat sürecek yolu üç saatte gelmiştim.

Köyün meydanında, böyle İtalyan restoranlarına benzeyen bir kıraathane buldum. İçeri girdim fakat kimsecikler yoktu. Sonra fark ettim ki kaynayan semaverin yanında namaza durmuş yaşlı bir adam vardı. Hiç ses çıkarmadan bekledim.

"Namazı bittiğinde bana döndü. "Selamünaleyküm yabancı."

"Aleykümselam."

"Ne içersin, ne istersin? Söyle hele."

"Bir çayını içerim."

Çayı aldı ve geldi.

"Buralardan değilsin. Yolun mu düştü?"

"Yok. Birini arıyorum ben."

"Hayırdır, ne için kimi arıyorsun?"

"Tuğra Ü."

"Çakır Tuğra!"

"Öyle mi diyorlar?"

"Evet. Bizim rahmetli Ahmet'in oğlu da, ne diye ararsın sen?"

"Bizim eski çalışanlarımızdı annesi babası. Bir görmek istemiştim."

"Anladım, sen Ömer Bey'in oğlusun. Baban zamanında buraya çok yardım etti. Yolu tarif edeyim."

Gülümsedim. Aldım yol tarifini. Yürümeye başladım. Ben yürürken tüm duvarlar üstüme geliyordu sanki. Beş altı dakika yürüdükten sonra eve vardım. Kapısında durakaldım.

Ne diyecektim? Nasıl denirdi? Senin ailen aslında bildiğin aile değil, annen baban değil nasıl denir? İnan dostum, kolay değil. Kendimi her zamanki gibi gaza getirmeye başladım diyebilirsin. Gerçek bu. Belki biliyordu, belki de söylemişlerdir. Hem annesini babasını atsın demiyorum ki, değil mi, değil mi, değil mi?

Kapıyı çaldım.

"Tuğra Ü.?"

"Evet?"

"Ben Efe T. Sizin eski çalıştığınız..."

"Evet, evet. Biliyorum. Seni tanıdım."

"Nasıl yani?"

"E isim ve soy isim. Babam ve annem çok anlatırdı."

"Anladım."

"Hayırdır ama neden geldiğini anlayamadım."

"Anlatacağım."

"İçeri gel, üşüme."

"Teşekkürler."

İçeri girdiğimde Çakır Tuğra Ü.'nün bir ailesi olduğunu ve küçük bir kızı olduğunu gördüm. Evlenmiş, çocuğu olmuş. Nasıl diyecektim, bilmiyorum.

"Otur Efe abi, şöyle buyur. Ne içersin?"

"Çayını alırım varsa. Yoksa da su içerim."

"Karnın aç mı abi?"

"Yok yok, değil."

"Babanı kaybetmişsiniz. Başın sağ olsun."

"Sağ olasın abi. Annem ve babam bir ay arayla vefat etti."

"Çok üzüldüm."

"Yapacak bir şey yok. Ölüm bize kader abi."

"Eyvallah."

"Sen neden geldin? Anlatacağım demiştin. Biraz garip oldu böyle gelmen."

"Evet, garip oldu ama güzel oldu."

"Buyur abi, bekliyorum vallahi."

"Yani bir soru var soracağım ama yolu var mı, nasıl sorulur sana, bilmiyorum Tuğra."

"Abi sor. Soru bu, beklemez."

"Yani soru biraz ağırına gidebilir. Yanlış anlayabilirsin."

"Yok abi, sen sor. Vallahi beklemek daha ağır geliyor şu an çünkü gerçekten garip oldu."

"Yalnız kalma şansımız var mı?"

"Tabii. Çayını al, arka bahçeye çıkalım."

Bahçeye çıktık, oturduk ama sanki zaman kazanmaya çalışıyor gibi bir hâlim vardı. Geveledim durdum. Lavabo kullanabilir miyim, elimi yüzümü yıkayım…

"Abi sorsana artık."

"Seni ailen evlatlık almış olabilir mi?"

"Bu nasıl sorudur ya, ne diyorsun sen!"

"Demiştim sana, yanlış anlayabilirsin!"

"Hayır ya. Yani, dalga geçer gibi."

"Hayır hayır, estağfurullah."

"Ne demek estağfurullah? Annen baban anlatmadı mı sana?"

"Neyi anlatmadı mı?"

"Abimin vefat ettiğini!"

"Anlamadım şu an. Abinin vefatıyla ne alakası var?"

"Abim ben doğduğum zamanlarda vefat etmiş. Adımız ondan aynı!"

Dostum, bu cümle sonrası bende yok!

Gözüm karardı!!!

Bayılmışım. Ambulans olmadığı için köyün doktorunu çağırmışlar.

Ayıldığımda kolumda serum, ne olduğunu anlamamış gözlerle ortalığa bakıyordum.

Tuğra'yı görür görmez gözüm, "Sen ciddi miydin?"

"Evet abi ciddiyim de, bir kendine gel Allah aşkına. Öldün sandım."

"Ben ne diyeceğim şimdi?" der demez hıçkıra hıçkıra ağlamaya başladım. Doktorun sesi yankılanıyordu kulağımda, "Bir kolonya getirin! Kolonya yok mu?"

Neyse dostum, beş on dakika sonra kendime geldim. Ağlamam duruldu. Beynimde aynı soru. Ne diyeceğim Hasret'e şimdi ben?

Ayağa kalktım ve Tuğra'ya, "Abinin mezarı nerede? Nasıl olmuş? Bana bir anlat!"

"Köyde, burada gömülü abim. Gider gösteririm sana inanmıyorsan bana!"

"Hayır hayır, inanmıyor değilim fakat ben sen diye gelince şoka girdim."

"Sen kendine gel, sabah olsun, uyu uyan. Bir rahatla, gideriz bakarız mezara, görürsün. Abim vefat ettiği için sizden ayrılmış ailem zaten."

"Neden, ne alaka? Anlamadım."

"Bilmiyorum. Hiçbir zaman da anlatmadılar ama abim vefat ettiğinde ayrılmışlar. Bir daha da asla aramamışız, sormamışız. Şimdi otuz sene diyorsun, işte otuz sene sonra sen geldin. Başka da bir bilgim yok."

"Anlamadım, abin neyden ölmüş peki?"

"Hastaymış zaten. Evlatlık alınan o işte. Alındığında hastaymış, hiç düzelememiş. Başka da hiçbir bilgim yok. Ailem bu konuda çok konuşmazlardı. Suçlu hissediyorlardı hep kendilerini."

"Anladım. Senin adını da abini yaşatmak için..." derken yine ağlamaya başladım. Şoka girmiştim resmen.

Yatak yaptılar bana, yattım oraya. Ne diyeceğim ben şimdi diyerek sayıklaya sayıklaya, ağlaya ağlaya bayılmış kalmışım.

Sabah kalkar kalkmaz ilk iş mezarlığa gitmek oldu. Gerçekten mezar taşı, daha doğrusu mezarlık tahtasında kocaman bir T.Ü. yazıyordu.

Çocuk mezarı olduğu, çok eski ve hiç gelinmediği, hiç bakılmadığı çok belliydi. İzbe bir noktada, toprağı içine çökmüş mezar işte. Tüm benliğimi o mezara koydum! Tarifi yok, bu çaresizliğin tarifi yok. Dostum, nasıl tarif edebilirim ki? Kendini benim yerime koysana, bir an empati yap. Nasıl anlatacağım!

Benim aklımda tek soru: NASIL ANLATACAĞIM!

Tuğra ile konuştuktan sonra artık her şey çözülmüştü. Hasret'in oğlu Tuğra ölmüş, sonrasında üç dört sene sonra doğan çocuklarına da aynı isim verilmişti.

Umut adına hiçbir şey kalmamıştı!

Burak amcayı aradım. Durumu ilettim. O da başımız sağ olsun dedi ve konuyu kapattı. Herkes için basit bir ölümdü bu sonuçta. İğneyle kuyuyu kazdık, kuyudan da bir ölü çıkarttık. Peki ya Hasret'e ne diyecektim, nasıl anlatacaktım? Anlatamazdım, şimdi zamanı değildi. Bir çözüm üretmem gerekiyordu. Gerekirse yalan söylemem gerekiyordu. Ne demişti Hasret? Kötü haber getirme, yalan getir ama kötü getirme.

Eve döndüm.

Plan yaptım.

Anlatmayacaktım. Aslında anlatacaktım fakat şimdi değil, şimdi değil. Bir ay kadar az bir süre kalmış çıkmasına. Beklemeliydim, süre geçirmeliydim ama çıktığı güne kadar anlatmamalıydım.

Bu sonuç ile ilgili yalan söyleyemezdim sonuçta ama geciktirebilirdim. İyi niyetimle böyle düşündüm dostum. Bence haklıydım da. O zamanki ruh hâlimle en doğru karar bu gelmişti. Ayrıca en kötü karar bile olsa kararsızlıktan iyidir!

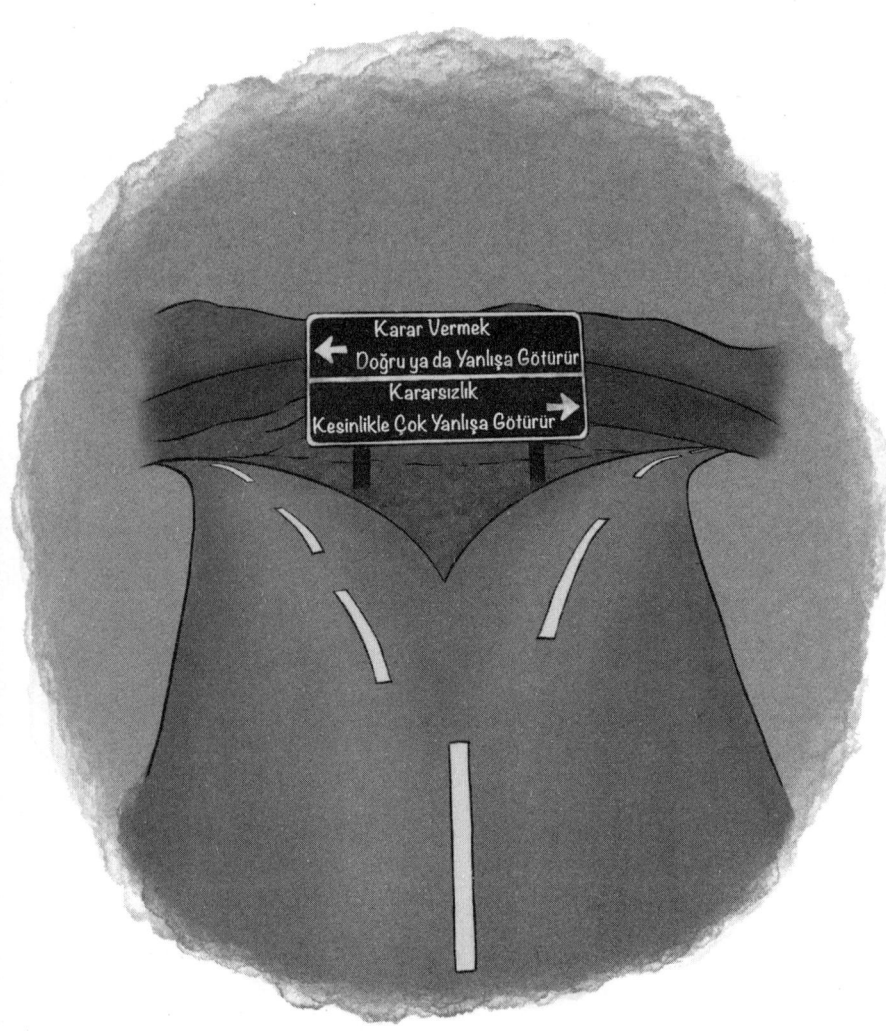

Kötü bir karar aldığını düşünüyorsan yanlış yapmışsın demektir ama kararsız kaldıysan eğer, çok yanlış yapıyorsun demektir.

1 ay sonra

Bu geçen bir ay içerisinde annem iyice unutkan oldu. Tamamen hastalığa teslim oldu. Önceden ara sıra da olsa küçüklüğüme dair şeyler, eski şeyler hatırlardı. Babamı sorardı. Ev işlerini hatırlardı. Ama şimdi tamamen kendi çocukluğa indi. Ara sıra annesini babasını soruyor, kardeşlerini arıyor ev içerisinde. Bu çok ağır bir imtihan. Gözünün önünde tamamen zayıflaması, unutkan olması, seni hatırlamaması, ölümü bekler hâli ciğerimden kan damlatıyor resmen!

Bu ağır imtihanın yanı sıra, her gün, her saat, her dakika kendime sorduğum bir soru: Nasıl anlatacağım? Hâlâ bulamamıştım cevabı. Hasret'in her görüşüne gittim. Her seferinde "yaklaştım, az kaldı, yurt dışında, az kaldı, buluyoruz az kaldı, sen çıkana kadar kesin bulmuş olacağım, az kaldı, az kaldı, az kaldı..."

Bu arada 11 kilo vermiştim. Hiçbir elbisem olmuyordu artık. Eriyordum resmen. Annemi düşünmekten, Hasret'e nasıl anlatacağımı düşünmekten yemek yemez hâle gelmiştim.

Hasret mi?

Bir aydır hiçbir sorun çıkarmadan bekledi ve yarın onun çıkış günü. Mezarlığa götüreceğim onu. Mezarını yaptırdım dostum Tuğra'nın. Çiçekler ektim. Belki dedim, belki güzel görürse sevinir. Bir ümit işte ama ölümün güzel gözükeni olur mu hiç, olmaz. Hele ki bir annenin evladı, hele ki evladına bir kere bile sarılamamış bir annenin. Herkes taşıyamaz bunu, eminim. Yanında destek olarak duracağım Hasret'in.

Hasret'e güzel bir ev tuttum. Bizim köşke yakın. Oraya yerleştireceğim. Kimsesi yok zaten. O da bir sürpriz olacak ona ama evladını kaybeden bir anneye dünya malı umut olur mu hiç?

Hasret umudunu kaybetti ve aklımda o yurtta konuşan adamın sesleri; ona bakabilirsin, onu koruyabilirsin ama umudunu çaldın! Haklıydı demiştim, hatırlıyor musun? Ve haklı çıktı. En acısı da bu, haklı. Ben umut verdim boş yere, yok yere.

Hasret'i cezaevi çıkışında bekledim. Çıktığında güneş gibi parlıyordu resmen. Nerede o ilk gördüğüm Hasret, nerede şimdiki? Dağlar kadar fark vardı. Fakat sönmesine az kalan bir güneşti bu. Nasıl söyleyeceğimi hâlâ bulamamıştım!

Sarıldık, gülüştük fakat o gülüşte burukluk vardı. Beni baştan aşağı süzen gözlerde bir telaş vardı. Yine de çok güzeldi, çok. Güneşin o parlayan ışığında bana bakan ve güneşten bile güzel parlayan bir kadının gülümsemesi. Yanıma geldi ve beni yanağımdan öptü. O öpücük var ya tüm uğraşlara, tüm yaşadığım acılara değmişti ama artık başlıyordu gerçek UMUTSUZLUK!

Hasret hapishaneden kurtulmuştu, evet ama ben hapse girmiştim kendi içimde. Nasıl söyleyecektim?

Sevdiğim bir şarkı sözü:

İster istemez dilimin ucuna düşüyor, fikrimin çatısına tutunanlar

Dedi maharet nerededir, dedim maharet doğru sözdedir

İster istemez içimi kemiriyor, dudaklarımdan çıkamayanlar

Güneşi nasıl gizlersin? Kum avuçta durmaz, öğren!

Sarıldık dostum. İşte o an konuşmaya başladı Hasret.

"Neden yanımda olduğunu düşündüm içeride sürekli. Böyle kötü bir insanın yanında olmak isteyen iyi bir insan, neden? Düzgün olmayan birinin yanında olan düzgün insan, neden olur ki böyle bir şey? Koruyucu duygusu var dedim, başta iyilik yapmak istiyor dedim ama öyle değil, anladım. Benim içimdeki iyiliği gördü o dedim. Benim yanımda olmak istiyor çünkü o içimi gördü. Benim bile göremediğim, hissedemediğim içimi. Kötülükle, karanlıkla çevrili bir kadın. Güveneceği kimsesi yok. Sadakatin, sevginin ya da yaşamın olduğuna inanmayan bir kadın. Ben senle tanışana kadar yaşama dair hiçbir umudum yoktu ve yaşamak istemiyordum. İntihar üstüne intihar ediyordum. Sen ise bir gün çıktın geldin, bana umut oldun! Sadece o gün değil, her gün. Bana göstermek istedin dünyanın korktuğum gibi kötü bir yer olmadığını. Sen karanlığın içindeki ışıksın psikolog. Başka bir yol olabileceğinin canlı kanıtısın sen. Hayatın benim gibilere bile iyi olabileceğinin, insanların iyi ve nazik olabileceğinin, benim gibi bir insanın senin gibi bir insan olabilmeyi düşüneceğinin, hayal edebileceğinin canlı kanıtısın sen! O kadar uğraştın ki benim için, bu dünya ile ilgili yanıldığımı göstermek için kendini kanıt olarak gösterdin bana. Sen bana iyilik yaptın çünkü benim içimdeki iyiliği kurtarmaya niyetlisin. Teşekkür ederim sana. Ben bu kapıdan çıkacağımı dahi düşünmezdim. Hadi çıktım diyelim. Bir tabut ile olurdu, ancak öyle düşünürdüm.

Zayıflamandan anlıyorum,

Bakışlarından anlıyorum,

Hislerinden anlıyorum,

Sesinden anlıyorum,

Tavrından anlıyorum,

Biliyorum!

Belki de böylesi iyidir diyorum. Kötü getirmedi diyorum. Kapıdan adım attım diyorum. Ölü de olsa yerini bilmek istiyorum. Bu bana yeter." derken gözümden yaş düşürdüm çoktan. Anladı. Anlamıştı çoktan belki de. İçim rahat etti fakat ben rahat değildim.

Aslında iyi bir şey olmuştu dostum. Ben söylemeden kendisi çoktan anlamış. Ben kendimi çok yıpratıyordum fakat o anlamış, ben anlamamışım anladığını!

Arabaya bindik ve yola koyulduk. Hiçbir şey konuşmuyorduk. Buz kesmiştik ikimiz de. Dakikalar geçmesine rağmen hiçbir ses yok!

Ve bir ses.

"Kaybettiğimi anladığımda, seni öyle zayıflamış gördüğümde iki taraflı yandım, biliyor musun Efe?"

"Anlamadım."

"Anlaman gerek. Çocuğumu ben hiç görmedim ama elsin sen bana, yani sen umut oldun. Çocuğuma yanarken umudum olan insanın böyle erimesine de yandım. Dünya acımasız oluyor çoğu zaman ve kötülerin sonunda kazanacağını düşünmek elde değil."

"Buna inanlar, emin ol, yanılıyor."

"Yanıldığımı düşünmüyorum. Sonuçta bak, ölüm ile karşı karşıyayım. Beni mezarlığa götürdüğünü bilmiyor mu sanıyorsun? O mezarlığa gitmeden gözyaşı dökmedim mi içeride, kendimi ona hazırlamadım mı sanıyorsun? Kötülere hak vermek için büyük bir sebep bence."

Resmen buz kesilmiştim. Acısı acım olmuştu çoktan ama umut verici cümleler kurmamam gerektiğini de çoktan anlamıştım derken aklımda bir ses: "Sen ona iyilik yaptın. Belki de içeriden hiç çıkamayacaktı. Şimdi yarım kalsa da kendi içinde iyi bir hayatı olacak ve sen ona bunu sağlayacaksın."

Cevapladım dostum.

"Ama bak, çıkamam dediğin yerden çıktın. Ölmek için intihar üstüne intihar ettiğin o yerden çıktın.

"Evet, sayende." dedi ve ağladı. Köşeye koydu başını ve küçük bir çocuk gibi ağladı. Ben araba sürerken gözyaşımı belli etmemek adına küçük küçük gözyaşı döktüm, içime içime.

Kan bağı insanları akraba yapar, aile yapan ise can bağıdır!

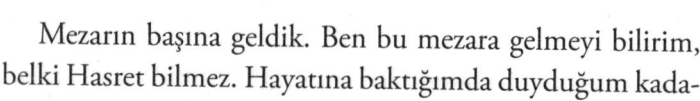

Mezarın başına geldik. Ben bu mezara gelmeyi bilirim, belki Hasret bilmez. Hayatına baktığımda duyduğum kadarıyla mezar görmemiş gibi geliyor ama içi mezarlıktan beter.

Ben bu hissi bilirim. Mesela babam, mesela anneannem, mesela dedem...

İnsanlara o kadar derinden bağlanıyoruz ki, bir anda yok olduklarında dünya başımıza yıkılıyor fakat Hasret onu tanımıyordu bile. Öyle mi hissedecekti, bilmiyordum. Bu hissi tekrar yaşamak ağır geliyor fakat yaşayacağız. Her insan yaşayacak!

Döndü bana ve dedi ki "Sen onun ölümüyle beni kurtardın. Umut öldü ama beni umutlandırdın. Onun ölümü bana yine de umut oldu, içeriden çıktım. Öyle düşün ve üzülme."

"Üzülmemek elde değil ama düşündüğümden daha güçlüsün ya da güçlü gözükmek istiyorsun."

"Güçlü müyüm bilmiyorum ama hissiz kaldım. İçeride ağlamak kolaydı, burada nutkum tutuldu resmen."

"Bırak kendini, ağla. Ağlayalım beraber." dediğim an yere çöktü, dizlerinin üstüne. Mezar taşına sarıldı, zırıl zırıl ağladı. O ağladı, ben ağladım. O ağladı, ben ağladım.

"O anı anlatmaya kelimeler yetmiyor. Gözlerini kapat ve bir dakika düşün, o ağladı ve ben ağladım!"

Arabaya doğru giderken ağlayarak döndü ve şöyle dedi:

"Biliyor musun psikolog, içerideyken biri bana, birisinin hatırasını korumanın en iyi yolu onunla ilgili anılardır demişti ve benim oğlumla ilgili bir tane anım yok! Hatırasını nasıl yaşatacağım şimdi?"

"Neler hissettiğini gerçekten biliyorum, ben bu duyguyu babamın ölümünde yaşadım. Şunu bil ki hiçbir şey acını dindiremeyecek ama en sonunda, ne olursa olsun, o duyguyla ve o acıyla yaşamaya alışıyorsun, kâbuslar görüyorsun hatta her gün uyandığın an aklına gelen ilk şey bu oluyor."

"Teselli değil psikolog bu laflar, değil…"

Sustum, haklıydı. Ölümü hiçbir şey teselli edemezdi!

Veda zamanı;

Kısa ve öz geçeceğim. Zaten anladığın kadarıyla anladın hikâyeyi. Ben umut oldum ama umutsuzluk yolunda umut, umut katili bir umut!

Mezarlıktan çıktık. Hasret'e tuttuğum eve gittik. Hasret için yeni bir hayat başladı. Belki de başlamadan bitti. Bilmiyordum!

Beni sorarsan, ben biraz biraz toparladım. Annemle Hasret arasında mekik dokudum.

Hasret yarım bir yaşam yaşarken ben çeyrek bir yaşam yaşadım. Annem iyice kötüleşti, hiçbir şey hatırlamaz hâle geldi. Ara sıra annesini soruyor, ara sıra çocukluğuna dair şeylerden bahsederek dedesini soruyor ya da bakkaldan aldığı gazozdan istiyor. Uçurtma uçurmak istiyor, gözleri ise ölmek!

Hasret ise evden çıkmak istemiyordu. Ona evden çıkması için ısrar ettiğimde ise insanların ona bakışından çekindiğini, çıkmak istemediğini dile getiriyordu.

Hasret e dedim ki:

"Şu hayatta her istediğimizi yapamıyoruz, seçim yapıp sonuçlarına katlanmamız gerekiyor, bence iyi bir iş çıkardık, seni içeriden çıkardık, temiz bir hayat yaşıyorsun ve şöyle söyleyeyim, insanların sana bakışını görmezden gelmek gerçekten kolay değildir eminim ama benim bakışlarım sana biraz da olsun teselli olmuyor mu?"

Hasret ise hayır dedi, aslında demedi ama nasıl yaşaması gerektiğine kendisinin karar vermek istediğini söyledi ve ona tuttuğum yaşam alanında kendini içine kapattığı bir yaşam sürüyor. Bir gün bana şöyle dedi:

"İçimdeki bu hisle uzun süre yaşayamam, hiç kimse yaşayamaz. Kalbim otuz sene önce koştu ve kaçtı. Yaralanmış bir hayvan gibi, kırlara doğru koştu, sürüsünden olabildiğince uzaklaşıp son nefesini verip ölmek için. Ve bir gün sen geldin, bana yaşamak için sebep verdin. Şimdi düşünüyorum da yaşamak aslında bu: acı çekmek. İçerideyken bir kitapta okumuştum, evlat acısı çekilecek en büyük acıdır diye yazıyordu, şimdi anlıyorum ama yine de acımı yaşayamıyorum.

Sessiz kaldım, içime attım, taşamıyordum. Haklıydı...

Sevdiklerimizin yanında olup onların ellerini asla bırakmazsak onları iyileştirmek mümkündür.

Neyse dostum beni sorarsan iyi değildim, iki taraflı git gel git gel... Elimden gelenin en iyisini yapmaya çalışıyordum ama elim iyi değildi. Hayat kumarında elim iyi değildi, bu kadar işte. Ne yapabilirdim ki daha fazla, ilgi göstermekten başka. Küçücük ellerimle dünyayı değiştiremezdim!

Kendimden ödün vermekse verdim, veriyorum da ama olmuyordu. Bu kadar işte, sona yaklaştım. Mutlu son dediğimiz buydu tam olarak. Umutsuz, mutsuz!

Umut verdim umut yok oldu, umut oldum ben yok oldum, yağmur sonrası gelen toprak kokusu bile yok oldu, his duygu adına her şey yok oldu...

Hayat stabil devam ederken aradan iki ay geçti ve annem iyice kötüleşti. Artık vücudunun erimesinden ve organların yetersizliğinden dolayı ölümü bekliyordu, ben de ölmesini...

Acı hayat diyeceğim de hayat acı değil mi zaten!

Hayatta iki tür acı vardır: can yakan acı ve insanı değiştiren acı. Hayatta ilk defa bu kadar can yakan bir acıyla karşılaşıyordum içim yanıyor canım parçalanıyordu resmen.

Olur mu diyorsun, olmuyor işte dostum, olmuyor. Ne olacaktı ki? Ne bekliyordum, yani ne zannediyordum? Ölümle mutlu son olur mu hiç? Hasret, ah Hasret... Neler geçirdi, düzelir dedim düzelmedi. Hapsi geçti, ölümler intiharlar geçti ama benim verdiğim umutla yok oldu. Namlu ağızıma dayanmış bir şekilde, biter diyorsun bitmiyor, olur mu diyorsun olmuyor işte dostum olmuyor. Namlu ağızda ama ateş edemiyorsun işte öyle kalıyorsun!

Yeter artık diyorsun ama yetmiyor, hayat bu vuruyor durmuyor. Aslında Hasret o mezar başına geldiğinde bu hayat benim için sona ermiş gibiydi. Hani onu hapishane de gördüğüm ilk gün vardı ya, o hâlinden beterdi. Hadi dedim, tekrar ayaklan, bir daha dene... Yine olur, dene dedim, giyindim kuşandım ama olmadı, oturmadı, yakışmadı bana mutluluk. Umut elbisesi bana çok büyük geldi, üstümde durmadı!

Artık annemin ölüm haberini bekliyorken, ziyaretçiler gidip geliyorken, küçücük de olsa bir umut beslerken, her şey böyle bitecek derken!

Kuzenimin ziyareti sırasında annem, kuzenimin küçük oğluna "Umut" diye seslendi, anne ne diyorsun dedim. Annemin "Umut benim oğlum, sen değilsin. Umut'umu bana verin, onun adı artık Efe olsun dediği an..."

Gerisini sen düşün dostum, o anlar anlatılmaz yaşanır denir ya tam da öyle. Gözlerini kapat ve düşün o hâlimi, o an ne hissettiğimi hisset lütfen! Ölmeden önce ölen benmişim, Hasret değilmiş. Yanlış hayatı doğru yaşamaya çalışan benmişim, Hasret değil. Ben, ölmeden önce ölüp mezara girmişim bile, ben beni aramış bulamamışım. Mezarı açtırdık, içi boş. DNA testi yaptırdık sonuç uyumlu. Hasret anne, ben Umut... Annem vefat etti fakat gerçek annemi bana bıraktı hediye, bundan sonrası bir başka hikâye....

UMUTSUZLUK KELİMESİNİN İÇİNDE BİLE
UMUT VAR, EKLERDEN KURTULMAYI BAŞARIRSAN
YOLUN SONUNDA MUTLULUK VAR.

GERÇEK MUCİZE KENDİNE İNANMAKTIR

Ne mutlu olmak için ne de hayatını değiştirmek için asla geç kalmış sayılmazsın!
Bugünü, tam da bugünü hayatının en iyi günü yapabilmek senin elinde; nefes alıyorsun, yaşıyorsun, dert, sıkıntı geldi diye ölmüş sayılmazsın!
Başarısızlıktan asla korkma, gelecek sene şu an olduğun yerde kalmış olmaktan KORK!
Dünü unut, bitti, geçti, gitti; elinde bugün var, kıymetini bil ve hiçbir şeyi yarına bırakma!
"Yarına bırakma, bakarsın yarın olur da sen olmazsın!"
Unutma, yaşanmış bir an yaşanmamış bir hayalden daha güzeldir!
Zamanı geldi, bugün o gün!
Kadın mısın, erkek misin, çocuk musun umurumda değil!
Kalk ve silkelen.
Ertelemekten vazgeç, cesaretlen.
Hayat ertelenecek kadar uzun değil dostum, bugününü sahiplen!

NASİP NİYETE VURGUNDUR

ETHEM EMİN NEMUTLU

Bu roman gerçek bir olaydan esinlenerek kaleme alınmıştır.

199.000 ADET

OLİMPOS

NASİP NİYETE VURGUNDUR

Her şey güzel giderken başına öyle şeyler gelir ki
"Yandım!" dersin,
"Bittim!" der ve düşersin.
İşte o an, içindeki iyilikle beslenen çocuk çıkar gelir
ve kapını çalar.
"Kalk!" der, "Kalk!"
Tutar elinden, karanlığı yırtar ve seni güzel günlere götürür.
Korku nedir bilmez iyilik.
Aydınlık, karanlıktan korkar mı hiç?
Kötü günler ile karşılaştığında kimseye ihtiyaç duyma,
Önce Allah, sonra içindeki iyi niyetten başka!
Niyetin ne kadar iyiyse, Allah o kadar seninle.
Nasibin ise niyetinde gizli...
Alsa da elinden yoğunu varını,
döner dolaşır geri verir sana hakkını!
Olmaz deme asla!
Olur!

Unutma ki Allah isteyince, kuşlar filleri yener azizim...

DUA KADER DEĞİŞTİRİR

Bu Roman Gerçek Bir Hikâyeden Esinlenerek Yazılmıştır...

ETHEM EMİN NEMUTLU

218.000 ADET

DUA KADER DEĞİŞTİRİR

İnsanın kaderinde öyle bir kırılma noktası vardır ki tam isyan edeceğin an, evet, işte o an ufacık bir dua ile kaderinin yönünü avuçlarındaki gözükmeyen tılsımla değiştirebilirsin. Her gecenin nasıl bir sabahı varsa her derdin de bir sonu var. Düştükten sonra kalkacak ve üstünü silkeleyip tekrar devam edeceksin koşmaya... Ve unutmayacaksın ki Allah yanında, seninle birlikte...

Eğer yüreğinde Rabb'in varsa, bu hayatta kimseye ihtiyacın yok demektir. Her şer denilen şeyin içinde kocaman bir hayır var, sakın unutma. Hz. Mevlana'nın şu dizesi ne de hoştur aslında:

"İyi değilim demek ne haddimize? Şükürler olsun her halimize!"

Hangimiz Sevmedik

Hangimiz sevmedik ki...
Hepimizin içinde kabuk bağlamış ama
bazen ince ince kan sızdıran bir yara yok mu?
Unutulmayan, hatırlandığında yüzünde acı bir tebessüm
oluşturan eski bir hatıramız yok mu?
Çoluk çocuk, torun torba sahibi olsak bile
ezkaza bir yerde karşılaşsak, göz göze gelsek,
sol tarafımızdaki keskin yaramızı acıtacak
o kişiyi görünce ne yaparız, söylesene!
"Kaç yıl geçti bak, hâlâ son bakışın miras bana!"
diyesimiz gelmeyecek mi ona?
Hangimiz sevmedik ki...
Sevmek, geçmişte olup biten bir şey de değil hani...
Her an sevebilirsin, şimdi bile...
Ve unutma ki; sevmenin yaşı, zamanı, mevsimi yoktur...